Reiner Preuß
Berlin auf Schienen entdecken

Titelbild: Bodo Schulz

Die Deutsche Bibliothek – CIP-Einheitsaufnahme:

Ein Titeldatensatz für diese Publikation ist bei
Der Deutschen Bibliothek erhältlich

*Die Ratschläge, Bilder und Routenvorschläge in diesem Buch sind von den Autoren
und vom Verlag sorgfältig erwogen und geprüft worden, dennoch kann eine Garantie
nicht übernommen werden. Die Reise nach diesen Vorschlägen erfolgt auf eigene Ge-
fahr. Eine Haftung der Autoren bzw. des Verlages und seiner Beauftragten für Perso-
nen-, Sach- und Vermögensschäden aller Art, die aus den im Buch gemachten Hinweisen resultieren, ist ausgeschlossen. Für alle Preisangaben gilt: Stand Winter 2002!*

ISBN 3-3-932785-74-6

© 2002 by GeraMond Verlag
im Hause GeraNova Zeitschriftenverlag GmbH, D-81673 München

1. Auflage 2002

Schlussredaktion: Lukas Gagel
Herstellung: Bettina Schippel
Druck: Printer Trento s.r.l.
Printed in Italy

Reiner Preuß

Berlin
auf Schienen entdecken

Informationen, Stadtrouten
und die schönsten Erlebnisziele

GeraMond

Liebe Leserin, liebe Leser,

„Berlin tut gut", sagen die Tourismus-Experten und laden damit die Neugierigen in die Bundeshauptstadt ein. Viel gibt es zu sehen und zu erleben: Bundespräsenz, Museen, Theater, Denkmäler, historische und neue Bauten, Landschaften und Wasserwege, allerdings auch Baustellen und unvollendete Bauwerke. Zu sehen, wie etwas entsteht, kann auch vergnüglich sein. Wir sagen: „Berlin mit dem Zug entdecken" und meinen, Sie sollten sich die Stadt über das dichte Netz der Eisenbahn, auch der Straßen- und U-Bahnen, erschließen. Gerade jetzt, da Berlin als Eisenbahndrehkreuz wieder aufgebaut wird. Wir zeigen Ihnen, an welchen Orten die Eisenbahn die Stadt prägte und prägt.

Dem Titel verpflichtet, wird hauptsächlich von der Eisenbahn zu lesen sein, von der S-Bahn als zuverlässiges Rückgrat des Berliner Nahverkehrs und in seinem unmittelbaren Umland und mehr noch von der Fernbahn, wie in Berlin die nicht zur S-Bahn gehörende Eisenbahn bezeichnet wird. Das Taschenbuch erlaubt nicht, jede Betriebsstelle zu erwähnen, manches muss dem eigenen Erleben vorbehalten bleiben. In den Vordergrund tritt, was heute zu sehen ist, ohne den Bezug auf die gerade für Berlin zutreffende vielfältige Geschichte außer acht zu lassen. Wir wünschen dem Leser viel Entdeckerfreude.

Bei der Benutzung von Eisenbahnbegriffen mussten einige Schwierigkeiten gemeistert werden. So ist der landläufig genannte S-Bahnhof meist nur ein Haltepunkt im Sinne der Eisenbahngesetzgebung.

Wir haben oft den Begriff S-Bahn-Station verwendet. In der Regel beginnt jede Berliner Betriebsstelle mit der Bezeichnung „Berlin", mitunter ist das hier weggelassen worden.

Reiner Preuß

Inhaltsverzeichnis

Einführung:
Stadt im War

del

Gehört zum Berliner Stadtbild: Doppelstockzug mit Baureihe 112, hier vor dem Bodemuseum

Blick auf Berlin Mitte: Keine andere Stadt Deutschlands hat eine derart bewegte Historie

Bundeshauptstadt Berlin
Stadt im Wechsel politischer Verhältnisse

Wohl keine Metropole der Welt zeigt eine derartig bewegte politische Vergangenheit wie Berlin. Die etwa 890 km^2 bedeckende Stadt mit heute 3,4 Millionen Einwohnern und einer 45 km langen Ost-West- und 38 km langen Nord-West-Ausdehnung wurde 1244 erstmals urkundlich erwähnt und ist seit 1476 Regierungssitz der brandenburgischen Kurfürsten und später der preußischen Könige. Bei der Reichsgründung 1871 bestimmte der Kaiser seine Residenzstadt zur Reichshauptstadt. Damit wurde Berlin zunehmend zum Wirtschaftszentrum und Verkehrskreuz Deutschlands. „Groß-Berlin" nannte sich die Stadt nach der Eingemeindung von Charlottenburg, Spandau, Schöneberg, Wilmersdorf, Neukölln, Lichtenberg und Köpenick im Jahre 1920. Im Jahre 2001 fusionierten die mittlerweile 23 Bezirke zu zwölf.

Die Stadt war Ziel schwerer Luftangriffe im Zweiten Weltkrieg, die ersten Bomben fielen am 1. März 1941.

Nach Kriegsende lagen 80 Millionen Kubikmeter Schutt als Trümmerwüste in der zerschundenen Stadt, die sich – auch was die Verkehrswege betrifft – von den Zerstörungen bis heute nicht mehr erholt hat. Berlin gehörte 1945 besetzte die Rote Armee Berlin; aufgrund der Vereinbarungen des „Londoner Protokolls" (1944) rückten im Juli 1945 die westlichen Siegermächte in die Stadt ein und nahmen ihre Sektoren in Besitz. Die Betriebsrechte auf den Eisenbahnstrecken der Stadt wurden der Deutschen Reichsbahn übertragen. Durch die „Alliierte Kommandatur" bestimmen die 4 Siegermächte gemeinsam über die Stadt, bis die UdSSR 1948 dieses Gremium aus Protest gegen die deutschen Weststaatspläne der Westmächte verließ.

Die Währungsreform in den Westzonen und -sektoren im Juni 1948 spaltete die Stadt auch wirtschaftlich.Die Westsektoren litten von 1948 bis 1949 unter der sowjetischen Blockade, bei der von der sowjetischen Besatzungsmacht sämtliche Verkehrswege zwischen den englischen, französischen und amerikanischen Besatzungszonen und den unter gleichem Besatzungsregime in Berlin bestehenden Sektoren unterbrochen wurden. Nur eine „Luftbrücke" versorgte die Bevölkerung der abgeschnürten Sektoren. In dieser Zeit zerbrach auch die gemeinsame Verwaltung der Stadt. Der englische, französische und der amerikanische Sektor bildeten eine eigene Stadtverwaltung, „West-Berlin" – je nach politischer Anschauung in unterschiedlicher Schreibweise – wurde zum Begriff für einen eigenständigen Stadtteil, der politisch und mit eigener Währungs- und Wirtschaftsstruktur als Insel innerhalb der sowjetischen Besatzungszone – dann DDR – und getrennt zur östlichen Stadthälfte, jedoch immer in vielfältiger und fester Verbindung zum Gebiet der Bundesrepublik Deutschland blieb. Die Bevölkerung Berlins litt ganz

erheblich unter der plötzlichen und von östlicher Seite rigide betriebenen Teilung, die ja nicht nur die Verkehrswege und städtische Strukturen betraf, sondern auch mitten durch Familien ging. Mit der Bildung der Bundesrepublik Deutschland (Hauptstadt: Bonn) 1949 sahen die sowjetische Besatzungsmacht und die kommunistische Führung in dieser Zone den Anlass gekommen, die sowjetische Besatzungszone einschließlich des Ostsektors von Berlin als neuen Staat „Deutsche Demokratische Republik" mit der Hauptstadt Berlin (gemeint war der sowjetische Sektor dieser Stadt) auszurufen. Noch funktionierten die historischen Verkehrswege nach Berlin und innerhalb der Stadt, wenn auch mit Kontrollen und Schikanen, die meist den ins Umland reisenden Berlinern aus den Westsektoren galten. Während die DDR die Bedeutung ihres Stadtteils als Hauptstadt in besonderem Maße unterstützte, entwickelte sich Westberlin mit

In der dicht bebauten Friedrichstraße sind vom gleichnamigen Bahnhof auf einer Ansichtskarte aus dem Jahre 1910 nur die Brücke und die Hallenschürze zu sehen

Das gibt es nur in Berlin: Hotel mit eigenem Bahnsteig. Deutschlands größtes Hotel lässt Sonderzüge vor der Haustür halten. Das Bild zeigt die Inbetriebnahme am 25. März 1997

Hilfe der Bundesrepublik Deutschland zum „Schaufenster" für den Osten. Zahlreiche Sonderbestimmungen sollten das Leben auf der Insel im „kommunistischen Meer" erträglich machen. Die Verbindungen nach West-Berlin waren ideal für die Flucht von der kommunistischen Diktatur in den Westen.

Am 13. August 1961 begannen DDR-Militärverbände, Westberlin vollständig von der DDR und Ostberlin abzuriegeln. In strenger Geheimhaltung waren Pläne zur Unterbrechung der Verkehrswege (nicht jedoch die dem alliierten Recht unterliegenden Luftwege) vorbereitet worden. Nur noch an wenigen Punkten und unter extrem scharfen Kontrollen war der Wechsel zwischen Ost- und Westberlin möglich, wenn es seitens östlicher Behörden dazu überhaupt eine Erlaubnis gab. Westberliner durften Verbindungswege zum und vom Bundesgebiet nach genauen Vorgaben und unter strengen Kontrollen benutzen, so es nicht einen Vorwand gab, das zeitweise zu unterbinden.

Die Grenzlinie zwischen den zwei Stadtteilen und zwischen Westberlin und dem Umland wurde immer undurchdringli-

cher mit Beton, Stacheldraht, Gitterzäunen, Todesstreifen und Signalanlagen ausgebaut. Zwischen dem 23. August 1961 und 1972 wurde es Westberlinern fast unmöglich gemacht, den Ostteil der Stadt zu betreten. Genauso verfuhr die Exekutive der DDR mit den eigenen Bürgern für den Besuch Westberlins. Reisenden aus der Bundesrepublik Deutschland wurden Besuche und touristische Ausflüge nach Ostberlin mit Genehmigungen der DDR erlaubt, von Westberlin aus als Tagesausflug. Erleichterungen im Reiseverkehr traten, von zwischenzeitlichen Regelungen zu einzelnen Feiertagen abgesehen, erst mit dem Transitabkommen von 1971 und dem Verkehrsvertrag von 1972 ein.

Seit Sommer 1989 kam es in der DDR einschließlich Ostberlin zu politischen Auseinandersetzungen zwischen der Bevölkerung und dem SED-Machtapparat, bei denen unter Ausnutzung eines Missverständnisses (der Sprecher des SED-Zentralkomitees Schabowski hatte vorzeitig freie Reisen verkündet) Ostberliner am 9. November 1989 den Übertritt nach Westberlin erzwangen. Dieses

Die S-Bahn bildet das Rückgrat des Berliner Nahverkehrs: Im Hintergrund der Ostbahnhof

Die Verkehrsträger sind eng verzahnt: U-Bahnhof Hallesches Tor mit Bus-Anschluss

Datum gilt als Fall der Mauer. In Schritten führte das – vorerst noch mit Genehmigungen durch die DDR – zum freien Verkehr innerhalb Berlins und zwischen Berlin und dem Umland, denn der enorme Besucherverkehr zwischen den Stadtteilen und zwischen Berlin und der Bundesrepublik Deutschland zwang kurzfristig zu Maßnahmen, die abgebauten Verkehrsverbindungen wieder herzustellen oder sie zu ersetzen. Das ist bis heute noch nicht abgeschlossen.

Am 18. März 1990 gab es in der DDR die ersten freien Wahlen, am 12. Juni 1990 traten der Ostberliner Magistrat und der Westberliner Senat nach 42 Jahren erstmals wieder zu einer gemeinsamen Sitzung zusammen. Am 1. Juli 1990 wurden dank der Währungsunion Berlin und das Umland zum einheitlichen Währungsgebiet. Der 2+4-Vertrag über die Aufhebung der alliierten Siegerrechte wurde am 12. September 1990 ratifiziert und damit der Weg frei gemacht zum Beitritt der DDR zur Bundesrepublik Deutschland, und am 3. Oktober 1990 wurde zugleich Berlin wieder zu einer Stadt. Am 20. Juni 1991 entschied sich der Bundestag mit zahlreichen Gegenstimmen für Berlin als Hauptstadt und künftigen Regierungssitz. Der Beschluss förderte die Verbesserung des Eisenbahnverkehrs für Berlin wesentlich. Die Stadt wurde eingebunden in die Verkehrsprojekte Deutsche Einheit. Am 23. August 1999 begann der Umzug des größten Teils der Regierung nach Berlin. Der ehemalige Reichstag wurde das Tagungsgebäude des Deutschen Bundestages. Dem Wechsel der Bundesregierung vom Rhein an die Spree folgten die Botschaften und zahlreiche Verbände der Wirtschaft und des politischen Lebens sowie der Parteien.

In der mit der Vergangenheit belasteten Stadt, die viele Sehenswürdigkeiten und touristische Ziele bietet, begann eine rege Bautätigkeit, was der Stadt die Bezeichnung „größte Baustelle Europas" eintrug.

Die S-Bahn, so sagen die
Berliner, gehört zu ihrer
Stadt wie der Senf zur
Bockwurst

I. Zu Lande, & in der Luft

„Sightseeing pur": Stadtbahn zwischen
Jannowitzbrücke und Alexanderplatz

zu Wasser

Ost-Architektur und die historische Halle des Bahnhofs Alexanderplatz im Herzen Berlins

Zu Lande, zu Wasser und in der Luft
Berlins Verkehr im Überblick

Mehrere natürliche Wasserarme und zahlreiche künstliche Wasserstraßen durchziehen Berlin und verbinden teilweise große Seen wie den Großen Müggelsee mit 766,2 ha, den Großen Wannsee mit 274,1 ha und den Seddinsee mit 268 ha. Auf den Berliner Wasserstraßen durchkreuzen Schiffe des In- und Auslands. Mit den Flüssen Spree, Dahme und den Seen bietet sich innerhalb der östlichen Stadt eine paradiesische Wasserlandschaft an. Im Westen sind es die Havel und der Wannsee, die die Stadt prägen. Berlin gilt als brückenreichste Stadt Europas. Für die Personenschifffahrt gibt es mehrere Anlegestellen (u. a. am Wannsee, in Tegel, in Treptow, am S-Bahnhof Jannowitzbrücke), von denen Rundfahrten innerhalb Stadt wie auch Ausflüge ins Umland unternommen werden können. Größter Berliner Hafen für den Güterverkehr ist der Westhafen in Moabit. Berlin liegt in der Norddeutschen Tieflandsbucht, die höchsten Erhebungen in Berlin, die Müggelberge, liegen nur

115 Meter über Normalnull. Das flache Berlin durchziehen fünf Flüsse, schiffbar sind davon drei, und mehrere Kanäle. 15,3 Prozent der Stadt gehören zur Verkehrsfläche, der Erholung sind 11,3 Prozent gewidmet.
Den Landverkehr beherrschen Straßen- und Schienenfahrzeuge. Ein Autobahnring umschließt die Stadt mit Zubringern in die zwei Stadtzentren. Zur Mitte zu verläuft eine Stadtautobahn. In Nähe des Funkturms (S-Bahnhof Witzleben) befindet sich der Zentrale Omnibusbahnhof mit zahlreichen Fernlinien zu deutschen Städten und ins Ausland. Eine weitere Busstation soll an den Alexanderplatz in Mitte oder an den Lehrter Bahnhof kommen. Berlin hat wie andere Städte ein dichtes Netz innerstädtischer Buslinien.
Die Stadt erstickt in den Staus und Parkplätze sind knapp. Es ist nicht nötig, sich Berlin mit dem PKW zu erobern, denn Berlin ist bekannt durch sein gut ausgebautes Schienennetz für Straßenbahn (hauptsächlich im Ostteil

Die Spree allerorten: ICE zwischen Hackescher Markt und Friedrichstraße

der Stadt), Untergrundbahn (hauptsächlich im Westteil der Stadt), S-Bahnen, und seit 1998 fahren die Züge des Regional- und Fernverkehrs quer durch die Bundeshauptstadt und erleichtern Fahrten zwischen dem Umland und mehreren Berliner Bahnhöfen wesentlich. Derzeit werden in Berlin 181,6 km Straßenbahngleise (Streckenlänge) mit der Spurweite von 1435 mm befahren. Auf dem heutigen Stadtgebiet fuhr der Welt erste elektrische Straßenbahn, und zwar am 16. Mai 1881 in Lichterfelde von der Kadettenanstalt zum dortigen Bahnhof an der Berlin-Anhaltinischen Eisenbahn. Allerdings lag die Bahn damals außerhalb der Stadt und sie besaß keine Oberleitung. Mit Fahrdraht und nun teilweise in der Stadt ging am 10. September 1895 die Straßenbahnlinie zwischen Pankow und Gesundbrunnen in Betrieb. Als sich 1920 Groß-Berlin bildete, übernahm es die einzelnen Straßenbahnbetriebe. Durch Kriegsverluste und Reparationsabgaben geschwächt, ließen die Berliner Verkehrsbetriebe bereits am 20. Mai 1945 wieder Straßenbahnen fahren. Die Teilung der Stadt in Sektoren behinderte scheinbar nicht den durchgehenden Betrieb zwischen den Sektoren; in Wirklichkeit gab es immer wieder Anlässe, ihn zwischen Ost und West zu stören. Wegen unterschiedlicher Währungen mussten an der sowjetischen Sektorengrenze die Schaffner ausgetauscht werden. Frauen durften in den westlichen Sektoren nicht Schaffner sein. Als Ostberlin das erzwingen wollte, kam es am 15. Januar 1953 zur Einstellung des Sektoren überschreitenden Straßenbahnverkehrs. Nach 1961 kam es in Berlin zu einer gewissen Straßenbahnfeindlichkeit. Die Elektrische wurde in Westberlin am 2. Oktober 1967 ganz eingestellt. In Ostberlin fehlten die Voraussetzungen, den U-Bahnbau oder den Buseinsatz zu forcieren. Zumindest wurde der Straßenbahnverkehr im Zentrum von Ostberlin eingestellt, am 1. Januar 1967 überquerte die Straßenbahn – wie man glaubte – letztmalig den Alexanderplatz. Für die Verkehrsanbindung des Neubaugebietes im Stadtbezirk Marzahn konnte man auf sie nicht verzichten. Die erste Neubautrasse ging 1979 zu diesem Außenbezirk in Betrieb. 1993 beschloss der Senat eine Wiederbelebung stillgelegter Strecken. So besitzt die instandgesetzte Oberbaumbrücke bereits Gleise für die Straßenbahn. Seit 1995 fährt die Bahn wieder im Westteil

Der U-Bahnhof Warschauer Straße (früher Warschauer Brücke) mit dem unter Denkmalschutz stehenden Stellwerk

der Stadt, von der Bornholmer Straße nach Wedding, und seit 18. Dezember 1998 über den Alexanderplatz.

Die Tatra-Fahrzeuge sind teilweise modernisiert, ansonsten ausgemustert worden; auch die langgedienten Lowa-Fahrzeuge und die sogenannten rekonstruierten fahren nicht mehr. Von Hennigsdorf bezog die Stadt Niederflurfahrzeuge. In Berlin gibt es eine vielfältige Sammlung historischer Fahrzeuge, von Freunden der Straßenbahn in der Freizeit detailgetreu aufgearbeitet und fahrfertig hergerichtet. Wenn sie nun weniger im Stadtbild zu sehen sind, dann liegt das an den jetzt auch für den Ostteil der Stadt geltenden Vorschriften, auf die die Fahrzeuge noch eingerichtet werden müssen. Die Betriebsfähigen gehören zu den Berliner Verkehrsbetrieben. Größtenteils befinden sich die historischen Fahrzeuge in der Wagenhalle an der Endhaltestelle Schmöckwitz, wo an jedem zweiten Wochenende Gelegenheit zur Besichtigung besteht. Zum schienengebundenen Verkehr gehört in Berlin natürlich die Untergrundbahn, teilweise als Hochbahn ausgeführt und mit einem blauen „U" gekennzeichnet. An ihrem Streckennetz lässt sich die politische Situation in der

Stadt beurteilen, denn der Ausbau des U-Bahn-Netzes in Westberlin hatte einen anderen Stellenwert als in der „Hauptstadt der DDR". Da kam die U-Bahn-Erweiterung, so sehr sie gewünscht war, nur in bescheidenem Maße voran, während die Streckenlänge in Westberlin schon wegen des S-Bahn-Boykotts zügig zunahm und auch, weil dort die Straßenbahn abgeschafft wurde.

Die erste U-Bahn-Strecke wurde nach zahlreichen Versuchen und im Streit zwischen den Firmen AEG und Siemens, die jeweils ihre eigene Lösung favorisierten, am 18. Februar 1902 zwischen Stralauer Tor (U-Bahnhof an der Oberbaumbrücke, der nach der Kriegszerstörung nicht wieder aufgebaut wurde) und Potsdamer Platz eröffnet. Gebaut wurde sie von der „Gesellschaft für elektrische Hoch – und Untergrundbahnen". Noch im selben Jahr, am 14. Dezember, wurde die Strecke bis zum Bahnhof Knie (heute Ernst-Reuter-Platz) verlängert, nun aber als Untergrundbahn, weil es in der Bevölkerung wenig Akzeptanz für Hochbahnstrecken mitten in der Stadt gab. Zur Fortführung der Strecke von Stralauer Tor nach Charlottenburg musste der Bahnhof

Berlin Steglitz: Am U-Bahnhof Walther-Schreiber-Platz geht's weiter mit dem Bus

Der S-Bahnhof Tiergarten: Die S-Bahn-Züge der Baureihe 477 gehören noch bis 2003 zum Alltag auf den Berliner S-Bahnstrecken

Gleisdreieck gebaut werden Die Strecke zum Potsdamer Platz blieb zunächst ein Seitenarm. Bereits diese erste U-Bahn-Strecke kam nicht ohne besondere Hoch- und Kunstbauten aus, die noch heute die Aufmerksamkeit auf sich ziehen, so die Hochbahnbrücke über die Anhalter Bahn und den Landwehrkanal mit einer Stützweite von 71,5 m und die Hausdurchfahrt zwischen Trebbiner und Luckenwalder Straße, mit der der Abriss eines Wohnhauses verhindert wurde. Auch die Viadukte galten als architektonische Sehenswürdigkeit. Alle Stationen besaßen Außenbahnsteige und hatten bis zur Zerstörung im Zweiten Weltkrieg teilweise prunkvolle Gebäude, von denen heute nur noch wenige etwas vom Glanz der alten Zeiten zeigen. Sie sind unter Denkmalschutz gestellt und in den achtziger Jahren weitgehend nach der historischen Vorlage wieder aufgebaut worden. Dazu gehören die Stationen Wittenbergplatz, Görlitzer Bahnhof und Schlesisches Tor, aber auch die unterirdischen U-Bahn-Stationen Märkisches Museum und Klosterstraße, bei der vom Bahnsteig aus ein altes Stellwerk und ein Teil des

Kleinprofilwagens Nr. 12 sowie Zeichnungen auf Emailletafeln von historischen Berliner Fahrzeugen gesehen werden können. Nicht weit zurück liegt die Wiederherstellung der Station Warschauer Straße (früher Warschauer Brücke), die 1994 nach der Trennung im Jahre 1961 wieder an die Linie 1 angeschlossen wurde und seit dem 14. Oktober 1995 ihrem ursprünglichen Zweck dient. Ein Juwel der U-Bahn-Linie 1 ist die Oberbaumbrücke über der Spree. Am 17. August 1902 war die Verlängerung der U 1 von der Station Stralauer Tor zur Warschauer Brücke in Betrieb gegangen. Für die Spreeüberquerung entwarf Otto Stahn eine steinerne Brücke, die die bisherige Holzjochbrücke ersetzte und die U-Bahn-Linie und zugleich den Straßenverkehr aufnahm. Das recht protzig wirkende Bauwerk wurde im Krieg beschädigt und verfiel in den Nachkriegsjahren weiter, obwohl die DDR hier einen Grenzübergang für Personen eingerichtet hatte. Nun fahren die gelben U-Bahn-Züge über das ausgebesserte und geputzte Brückenbauwerk mit den beiden Schachfiguren ähnlichen

Die prächtige Oberbaumbrücke trägt den U-Bahn- und Straßenverkehr, vielleicht auch einmal die Straßenbahn, die Gleise dafür sind bereits verlegt

Brückentürmen im Rot der Klinker, ein feiner Farbkontrast.

Mit dem U-Bahnbau ging es in Berlin weiter, neue Linien kamen hinzu. Bis zum Ersten Weltkrieg fuhren U-Bahn-Züge auf einer Betriebslänge von 35,6 km. Den Strecken nach 1923 gab man ein größeres Profil, so unterscheidet die Berliner U-Bahn heute noch zwischen „Kleinprofil"- und „Großprofil"-Linien. 1939 berichtet der Grieben-Reiseführer von 80,16 km U-Bahn, davon 63,31 km als Untergrund-, 11,08 km als Hochbahn- und 5,77 km als Einschnittbahn.

Heute hat das U-Bahn-Netz eine Betriebslänge von 143,3 km. Die letzten Abschnitte gingen von Paracelsusbad bis Wittenau (24.9.1994), von Leinestraße bis Hermannstraße (13.7.1996) und der 391,5 m lange Abschnitt von Vinetastraße nach Pankow (16.9.2000), an dem in drei Phasen seit 1988 gebaut wurde, in Betrieb.

Berlin gilt zu Luft, zu Wasser und zu Lande als ein Drehkreuz. Die Zahl der Fluggäste, die Berlin als Anschlusspunkt wählt, ist derzeit im Vergleich zu anderen Flugkreuzen bescheiden, jedoch soll sich das mit dem Ausbau des Flughafens Schönefeld ändern. Der Flughafen jenseits der Stadtgrenze war der Flughafen für Ostberlin. Für Berlin sind heute drei Flughäfen in Betrieb, neben Schönefeld noch Tempelhof mitten in der Stadt und im Norden, auch auf Stadtgebiet, der nach Otto Lilienthal benannte Flughafen in Tegel. Auf dem einstigen Schießplatz landete 1909 Graf Zeppelin mit dem Luftschiff LZ 3. Als Zivilflughafen wird Tegel seit 1960 benutzt. An der Zufahrt steht die Skulptur „Wolkentor" von Heinrich Brummack.

Tempelhof ist seit 1923 in Betrieb. Hier steht zur Erinnerung an die 1949 beendete Berlin-Blockade das von Eduard Ludwig 1951 aufgestellte Luftbrückendenkmal, von den Berlinern sarkastisch „Hungerharke" genannt.

Zur Eisenbahn schreibt der 2000er Baedeker noch, von der Bedeutung Berlins als europäisches Verkehrskreuz sei wenig geblieben, fehlte es bis 1998 an einer attraktiven Verbindung durch die Stadt, begann der Zugverkehr von bescheidenen Bahnhöfen an der Peripherie. Inzwischen änderte sich die Situation schon wesentlich, denn der Bund

Stadtbahnstrecke mit Spreebrücke und Bodemuseum

Der S-Bahn-Park umfasst inzwischen mehrere Generationen: Treff an der Warschauer Straße

INFO

Berliner Verkehrsgesellschaft

Fahrgastfahrten 2001 in Mio		
Gesamt BVG		904,2
- davon U-Bahn		401,8
- davon Straßenbahn		141,0
- davon Omnibus einschl. Fähren		361,4
Verkehrsnetz U-Bahn	Stand 31.12. 2001	
Linienanzahl Tag-Nacht		9 - 2
Streckenlänge (km) Tag-Nacht		144,2 - 28,4
Linienlänge (km) Tag - Nacht		51,7 - 28,4
Bahnhöfe Tag - Nacht		170 - 38
Bahnsteigkanten Tag - Nacht		389 - 80
mittlerer Bahnhofsabstand (km)		0,79
mittlere Beförderungs- geschwindigkeit (km/h)		30,7
- Großprofil (km/h)		32,5
Kleinprofil (km/h)		27,2
Verkehrsnetz Straßenbahn	31.12. 2001	
Linienanzahl Tag - Nacht		28 - 5
Streckenlänge (km) Tag - Nacht		187,7 - 57,2
Linienlänge (km) Tag - Nacht		370,4 - 59,9
mittlerer Haltestellenabstand (km)		0, 461
mittlere Beförderungs- geschwindigkeit (km/h)		19,2

wendet gewaltige Summen auf, damit Berlin wieder das Verkehrskreuz wird. Modernisiert ist die Stadtbahn, sind die Bahnhöfe Ostbahnhof und Lichtenberg, neu gebaut der Bahnhof in Spandau. Mitten in Berlin, am Potsdamer Platz entsteht ein neuer Regionalbahnhof, in Nähe des Regierungsviertels dehnt sich eine gewaltige Baustelle für den Zentralbahnhof, den Berlin noch nie hatte, aus. Zur Eisenbahn in Berlin gehört die S-Bahn, die sich nach rigiden Einschnitten zum beliebten Unternehmen mausert und zur Stadt gehört. Es gibt jedoch nicht nur schöne Bilder von der Eisenbahn in Berlin: Nicht nur der Krieg hat Lücken hinterlassen, es gibt auch unfeine Ecken und Verfall.

Berlin als Eisenbahnstadt, das Bild trifft nur für den Personenverkehr zu. Wie in anderen Städten der Bundesrepublik Deutschland wanderte auch in Berlin der Güterverkehr auf Straßen und Autobahnen ab. So sind mehrere Rangierbahnhöfe mit einst lebhaftem Ablauf- und Rangierbetrieb zu ruhigen Orten geworden.

2.Berliner Fe

City im Lichterglanz:
Der Bahnhof Zoologischer Garten

24

Der Bahnhof Alexanderplatz bei Nacht: Hier halten S-Bahnen und Regionalzüge

Berliner Fernbahnhöfe

Die wichtigen Bahn-Knotenpunkte

Von Zehlendorf aus eroberte die Eisenbahn das preußische Berlin. Auf der ersten Strecke Preußens begann der Bahnbetrieb am 22. September 1838 zwischen Potsdam und Zehlendorf, damals eine Gemeinde außerhalb Berlins. Am 29. Oktober 1838 war die Gesamtstrecke von 26,12 km Länge bis Berlin eröffnet. Der Bahnhof für Berlin befand sich auf freiem Feld vor der Stadtmauer am Potsdamer Tor. Weitere Strecken folgten:

1.7.1841:
Anhalter Bahnhof – Lichterfelde Süd
11,56 km

1.8.1842:
Stettiner Bahnhof – Bernau
22,99 km

23.10.1842:
Schlesischer Bahnhof – Frankfurt (Oder)
81,20 km

23.10.1842:
Schlesischer Bahnhof – Rummelsburg
25,43 km

15.10.1846:
Berlin-Moabit – Nauen
32,68 km

Die hier angeführten Strecken wurden verlängert, so dass die Stadt mit fünf Fernbahnen in Verbindung zu zahlreichen großen Städten stand. Jede Bahn besaß ihren Berliner Endbahnhof als Kopfbahnhof, vier von fünf vor den Stadttoren. Seit 1851 verband ein Schienenweg die fünf Bahnhöfe – allerdings nur für den Güterverkehr. Der Reisende musste sehen, wie er zwischen den Kopfbahnhöfen wechselte. Die Berlin-Görlitzer Eisenbahn vom Görlitzer Bahnhof in Berlin bis Cottbus (87,05 km) ging erst am 13. September 1866 in Betrieb. Am 1. Oktober 1867

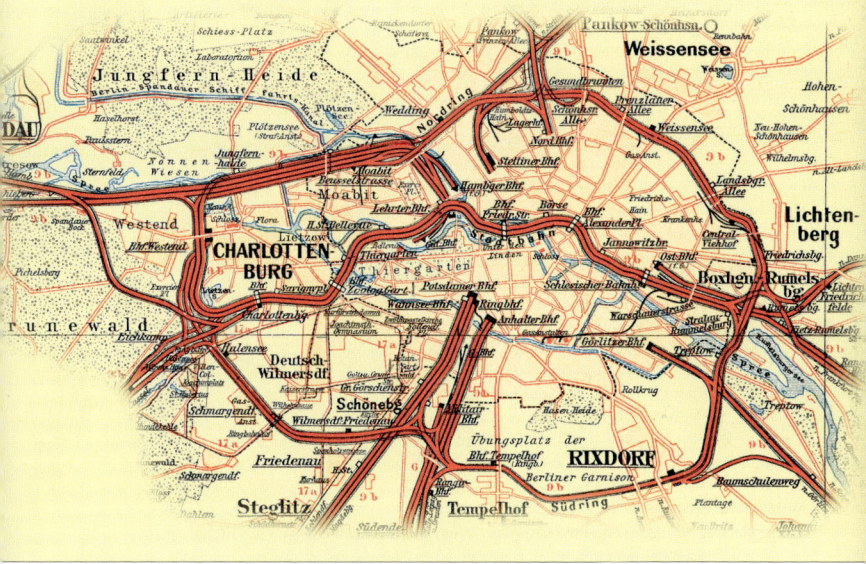

Berlin und seine Bahnhöfe kurz nach der Jahrhundertwende. Gut erkennbar ist die Struktur des Netzes mit Ring- und Stadtbahn und den vielen Kopfbahnhöfen

fuhren die ersten Züge auf der Strecke zwischen dem Berliner Ostbahnhof und Gusow, der Abschnitt Gusow – Kietz war schon ein Jahr vorher fertig geworden, so dass Zugverbindungen von Berlin aus in Richtung Ostpreußen möglich wurden, ohne den Weg über Frankfurt (Oder) benutzen zu müssen. Die Endbahnhöfe erhielten repräsentative Empfangsgebäude, und endlich war 1871 eine nun auch dem Personenverkehr dienende Ringbahn fertig, die das Wechseln von Kopfbahnhof zu Kopfbahnhof erleichterte. Zu jener Zeit fuhr der Berliner vom Potsdamer, Anhalter, Stettiner, Schlesischen, Hamburger, Dresdner, Frankfurter, Görlitzer und Lehrter Bahnhof in die weite Welt. Berlin fehlte immer der Zentralbahnhof. Nach den gewaltigen Zerstörungen im Zweiten Weltkrieg verlagerte sich der Fernverkehr auf andere Bahnhöfe. Die Züge hielten am Bahnhof Zoologischer

Garten, am Ostbahnhof, am Bahnhof Charlottenburg, in Schöneweide und im Bahnhof Lichtenberg. Heute sind es Berlin Zoologischer Garten, Ostbahnhof, Charlottenburg, Spandau, Lichtenberg und auch Wannsee, die als Fernbahnhöfe gelten. Noch immer kein richtiger Hauptbahnhof, das wird sich ändern.

Und was wurde aus den stillgelegten Fernbahnhöfen? Dem **Görlitzer Bahnhof** verblieben schon seit 1886 meist nur die Vorortzüge nach Königs Wusterhausen, da die Fernzüge immer wieder statt zum Görlitzer Bahnhof auf die Ringbahn geleitet wurden, zuletzt 1946. Im Krieg waren Bahnhof und das Bahnbetriebswerk erheblich beschädigt worden. Mit der Elektrifizierung für die S-Bahn von Berlin-Grünau nach Königs Wusterhausen verlor er 1951 noch den Vorortverkehr. Der Görlitzer Bahnhof wurde am 1. Dezember 1958 stillgelegt

Der Anhalter Bahnhof in seiner Glanzzeit: Soeben trifft der „Fliegende Frankfurter" ein, zwei Gleise weiter wartet die 03 075 auf ihre Abfahrt nach Süden (1935)

und zwischen 1958 und 1962 mit der Beseitigung von Resten des Empfangsgebäudes zu einer Parkanlage umgestaltet. Ein Hügel zeigt, dass es hier ein Bauwerk gab. Doch als Güterbahnhof bestand er noch bis 1985 und wurde von 1961 an vom in Westberlin liegenden Güterbahnhof Treptow aus bedient. Den Namen trägt weiterhin eine U-Bahn-Station.

Der **Lehrter Bahnhof**, der dem neuen Zentralbahnhof – zumindest während der Planungs- und Bauphase – seinen Namen gibt, wurde am 28. August 1951 stillgelegt und acht Jahre danach abgetragen. An seiner Stelle entsteht der neue Bahnhof.

Das 1847 fertig gestellte Empfangsgebäude des **Hamburger Bahnhofs** (an der Invalidenstraße) und das benachbarte Direktionsgebäude der Berlin-Hamburger Bahn zeigen sich heute von ihrer besten Seite, wenn man vom Zuge aus zwischen Friedrichstraße und Lehrter Stadtbahnhof nach Norden sieht. Das leer stehende Empfangsgebäude wurde nach Plänen von Josef Paul Kleihus im Auftrag der Neuen Nationalgalerie als Museum für Gegenwart hergerichtet. Der Hamburger Bahnhof war nur bis 1884 in Betrieb, die Züge aus Hamburg fuhren seit 1879 zum Lehrter Bahnhof. 1906 wurde das heute älteste Empfangsgebäude Berlins zum preußischen Verkehrs- und Baumuseum eingerichtet. Es durfte später, bewacht von den Alliierten, nicht mehr betreten werden. 1984 einigten sich das Verkehrsmuseum Dresden und das Berliner Museum für Verkehr und Technik, die Exponate des früheren Verkehrs- und Baumuseum auf beide Museen aufzuteilen. Den Namen Hamburger Bahnhof gibt es weiterhin in modifizierter Form als

„Hamburger u Lehrter Gbf" (HuL), denn der Güterverkehr wurde auf bestehenden Gleisanlagen fortgeführt. Seit 1972 ist HuL der Containerbahnhof für Berlin, der vom Bahnhof Moabit aus erreicht wird.

Vom **Potsdamer Bahnhof**, dem ersten in Berlin (1838 eröffnet), ist nichts mehr zu sehen, das Empfangsgebäude wurde bereits 1869 ersetzt von einem provisorischen Gebäude. 1872 war das neue Gebäude fertig, 1891 ergänzt mit zwei Flügelbahnhöfen, dem „Potsdamer Ringbahnhof" und dem „Potsdamer Wannseebahnhof". Vom Potsdamer Bahnhof fuhren nicht nur die Fernzüge, sondern auch die „Bankierzüge" (angeblich saßen in diesen S-Bahn-Zügen meist gut betuchte Banker) in nur zehn Minuten bis Zehlendorf. Der Wannseebahnhof ist 1939 geschlossen worden, der zerstörte Potsdamer Bahnhof 1945 (auch die Bankierzüge gab es seitdem nicht mehr) und der Ringbahnhof 1946, seine S-Bahn-Züge fuhren im neuen Nord-Süd-Tunnel. Vom Potsdamer Bahnhof blieb die Ruine mehrere Jahre auf zu Ostberlin gehörendem Ödland, das durch Austausch 1972 zu Westberlin kam. Heute stehen neue Gebäude auf dem ehemaligen Eisenbahngelände.

Berlin Anhalter Bahnhof:

Auch vom Anhalter Bahnhof lebt nur der Name mit der unterirdischen S-Bahn-Station an der Nord-Süd-Strecke weiter. Kommt man an die Oberfläche, zeigt sich jedoch noch ein kleiner Rest vom einst mächtigen Empfangsgebäude. Es ist der Portikus der Empfangshalle. Der Anhalter Bahnhof war für die nach Anhalt führende Strecke gebaut und mit der Fertigstellung des ersten Abschnitts bis Jüterbog am 1. Juli 1841 eröffnet worden. Später fuhren die Züge über diese Strecke nach Leipzig/Halle und weiter. 1882 kamen noch die Züge von und nach Dresden hinzu, der Dresdner Bahnhof an der Luckenwalder Straße war aufgegeben und 1884 abgebrochen worden. Der Anhalter Bahn-

Der alte Lehrter Stadtbahnhof wird Ende 2002 überflüssig. Er weicht dem Hauptstadtbahnhof

Der Potsdamer Platz ist derzeit die erste Adresse in Berlin

hof, am 15. Juni 1880 eröffnet, erhielt ein neues Empfangsgebäude am Askanischen Platz, gestaltet von Franz Schwechten, der später die Kaiser-Wilhelm-Gedächtniskirche baute. Übrig blieb nur der genannte Portikus. Zwar war die 60 m breite, 170 m lange Bahnhofshalle, von der bis Kriegsende ein bedeutender Zugverkehr ausging, zu Ende des Zweiten Weltkriegs erheblich beschädigt worden, doch das Mauerwerk stand noch. Bis 1952 fuhren noch Züge, die wegen der Abnabelung Westberlins von diesem Zeitpunkt an ausblieben. Die Reste der Halle wurden zwischen 1959 und 1963 fast vollständig abgetragen.

Elf Meter unter der Erde liegen zwei Mittelbahnsteige für den S-Bahn-Verkehr. Es war die einzige S-Bahn-Station im Stadtbezirk Kreuzberg (der 2001 mit Friedrichshain vereinigt wurde). Dem Deutschen Technik-Museum blieb es vorbehalten, die größeren Reste vom Anhalter Bahnhof wieder herzurichten, so zwei Lokomotivschuppen, das Beamtenwohnhaus und Güterschuppen. Über der Yorckstraße liegen Brücken, so dass man sich mit etwas Mühe den lebhaften Zugverkehr in Berlins Mitte vorstellen kann. Für den Neubau eines zentralen Berliner Bahnhofs kam der Platz des Anhalter Bahnhofs nicht in Betracht, die Entscheidung fiel für den Lehrter Bahnhof.

Berlin Ostbahnhof:

Der Ostbahnhof trug nicht wenige Gesichter und Namen:

1841 Frankfurter Bahnhof
1844 Niederschlesisch-Märkischer
Bahnhof
1881 Schlesischer Bahnhof

1951 Ostbahnhof
1987 Hauptbahnhof
1998 wieder Ostbahnhof.
Als Kopfstation für Züge aus Richtung Osten wurde er 1841 gebaut, Frankfurter Bahnhof genannt und bereits 1848 erweitert. Eine neue Eisenbahngesellschaft gab ihm den Namen Niederschlesisch-Märkischer Bahnhof. 1869 trennte sich der Bahnhof vom Güterverkehr und seit 1882 fährt die S-Bahn durch eine neue Bahnsteighalle. Aus dem Kopfbahnhof war durch Abriss ein Durchgangsbahnhof nicht nur für den Stadtverkehr, sondern zugleich für den Fernverkehr geworden. Die Kriegsbeschädigungen im Zweiten Weltkrieg waren so stark, dass es sich beim Wiederaufbau anbot, die südliche Rückfront zur Eingangsseite zu machen. Das blieb sie bis heute.

Im SED-regierten Ostberlin durfte der Bahnhof nicht mehr an Schlesien mit Zügen nach Breslau erinnern. So wurde er zum Ostbahnhof. Später verlangte die politische Führung nach einem Hauptbahnhof in der Hauptstadt, sollten doch auf dem Bahnhofsvorplatz Zeremonien bei Ankunft und Abfahrt ausländischer Staatsgäste stattfinden. So wurden die wenigen erhalten gebliebenen Häuser auf dem Vorplatz abgerissen und mit viel Beton ein neuer Vorplatz und eine neue Vorderfront für das Empfangsgebäude gebaut. Mit der Eröffnung des neuen, unfertigen Empfangsgebäudes am 15. Dezember 1987 galt die Bezeichnung „Berlin Hauptbahnhof". Vorgesehen war noch eine große Restaurantpassage, für die es auch einen Rohbau an der Koppenstraße gab. Die Wende 1989 unterbrach den Bau an dem Gebäude. Das vereinigte Berlin gab dem Bahnhof den Namen „Ostbahnhof" zurück, wird doch ein Hauptbahnhof am Lehrter Stadtbahnhof neu gebaut. Das Empfangsgebäude wurde vollständig umgestaltet – von der alten Empfangshalle blieb nur das Stahlskelett erhalten – und

Nicht einmal die Eingangsfront zum mächtigen Empfangsgebäude des Anhalter Bahnhofs wollte Berlin erhalten. Was blieb, ist nur der Portikus

Der Küstriner Bahnhof, später Ostbahnhof (nicht zu verwechseln mit dem heutigen): ihn gibt es nicht mehr, die Reste des Empfangsgebäudes wurden 1950 beseitigt

mit einem IC-Hotel ergänzt. An seiner Stelle stand mehrere Jahre der Rohbau für das Restaurant, es war von der Deutschen Reichsbahn auch als Kulturhaus der Eisenbahner geplant worden. Nun muss der Ostbahnhof ohne Restaurant auskommen.

Heute ist der Ostbahnhof nicht nur Durchgangsbahnhof für die S-Bahn-Linien und die Züge des Nah- und Fernverkehrs, hier beginnen die Berliner ICE-Verbindungen. Dafür wurden die Bahnsteige B und C auf 440 m verlängert und auch außerhalb der Bahnhofshalle überdacht. Zugleich wurde innerhalb des Bahnhofs der Stadtbahnviadukt auf 35 m verbreitert. Wie die anderen Berliner Bahnhöfe verlor er die Stellwerksgebäude, der Zugverkehr wird von der Betriebszentrale in Pankow aus gesteuert. Große Glasflächen als Empfangshalle am Bahnhofsvorplatz lassen Licht in den gesamten Hallenraum fluten. Zahlreiche kleine Läden wie drei Supermärkte im 4 300 m² großen Untergeschoss werden über die gesamte Woche als Einkaufsziel nicht nur von den Reisenden, auch von den Anwohnern gern genutzt. Die Gestaltung des Vorplatzareals ist vorgesehen, ohne dass es derzeit konkrete Planungen gibt.

Der Name Ostbahnhof ist – gewollt oder unbewusst – einem ehemaligen Bahnhof in der Nachbarschaft entlehnt. Er existierte für das Berliner Ende der Ostbahn Berlin – Küstrin als fünfgleisiger Kopfbahnhof mit einem dreigeschossigen Empfangsgebäude von 1867 bis 1882 am Küstriner Platz (heute Franz-Mehring-Platz). Vor der Kriegszerstörung nutzte das Varieté Plaza das ehemalige Empfangsgebäude. Die Reste dieses großen Gebäudes wurden im Jahre 1950 beseitigt. Der alte Ostbahnhof nützte beim Umbau des heutigen Ostbahnhofs zweimal. Als 1868 mit dem Umbau der Personenverkehr vom Güterverkehr getrennt wurde, kam der Personenverkehr auf den damaligen Ostbahnhof. Dasselbe passierte 1879, als für den Stadtbahnviadukt die Bahnsteige um sechs Meter angehoben wurden und die neue Bahnsteighalle entstand. Die vorhandene blieb bestehen, ihr schloss sich nun eine weitere als Dreigelenkbogenbinder an, allerdings offen zur bestehenden und von ihr gestützt, so dass beim flüchtigen Blick vom Bahnsteig aus die Überdachung wie eine einzige Halle wahrgenommen wird. Sie ist 54,3 m breit und 207 m lang sowie 19 m hoch. Zwischen den

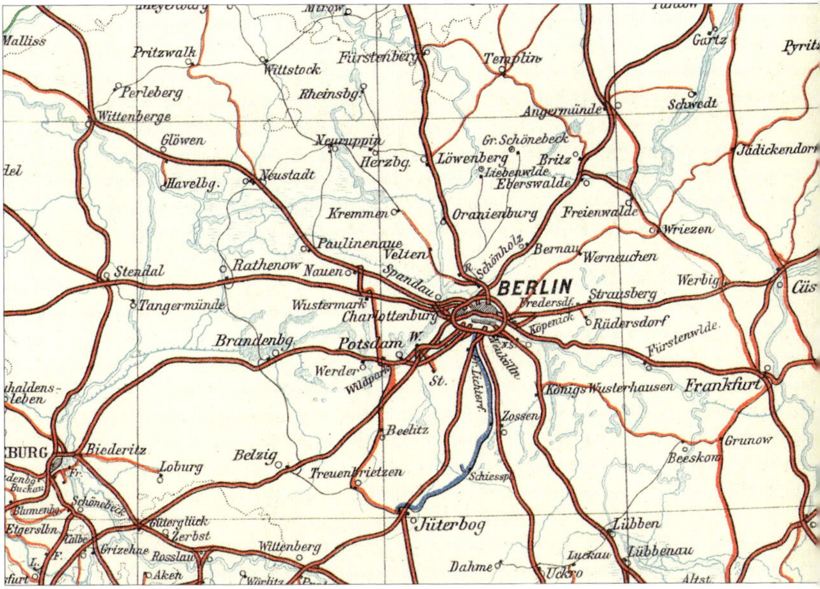

Berlin im deutschen Eisenbahnnetz vor dem Ersten Weltkrieg

Vom Ostbahnhof aus nach ganz Deutschland. Selbst die Baureihe 103 fährt noch sporadisch Berlin an

Zwei ungleich große Hallen besitzt der Ostbahnhof

Bahnsteigen liegen zwei Umfahrgleise. Die neue Halle war 1896 für die Stadtbahnzüge vorgesehen, die am Rande separat vom übrigen Zugverkehr fahren. So blieb es bis heute.

Obwohl der Bahnhof, hauptsächlich in Richtung Osten, nicht wenige Gleise und Gleisverbindungen besaß, war der Rangierverkehr bescheiden. Schließlich kamen die Züge vom Abstellbahnhof Rummelsburg oder fuhren nach Ankunft als Leerzüge da hin. Südlich lagen, teilweise unterhalb des Niveaus der Hauptgleise, Anschlussgleise des Hauptpostamtes und die Gleise des Ostgüterbahnhofs mit der Zufahrt zum Bahnbetriebswerk Berlin Ostbahnhof. Auch nördlich lagen Gleise für Postwagen. Zahlreiche Gleise gehörten zum Wriezener Bahnhof, der in der Nachkriegszeit ausschließlich dem Güterverkehr diente.

Im östlichen Vorfeld der Bahnhofshalle liegen Schienen, auf denen S-Bahn-Züge abgestellt werden. Mit der Modernisierung der Berliner Eisenbahnlandschaft wurde die östliche Gleisgestaltung vereinfacht, die Postgleise aufgegeben. Auf der westlichen Seite kamen dem Bahnhof die Viaduktverbreiterung und die Verlängerung der Bahnsteiggleise zugute. Was blieb: die Zugbildung in Rummelsburg und das ehemalige Bahnbetriebswerk, heute als Betriebshof für den Geschäftsbereich Reise & Touristik der Deutschen Bahn.

Berlin-Spandau:

Mit der Schnellbahn Berlin – Hannover erhielt der Stadtbezirk Spandau einen neuen Bahnhof, wo es früher den Bahnhof Berlin-Spandau West gab. In Spandau treffen die Eisenbahnstrecken von Westen (Hannover/Braunschweig/Stendal) und von Norden (Hamburg)

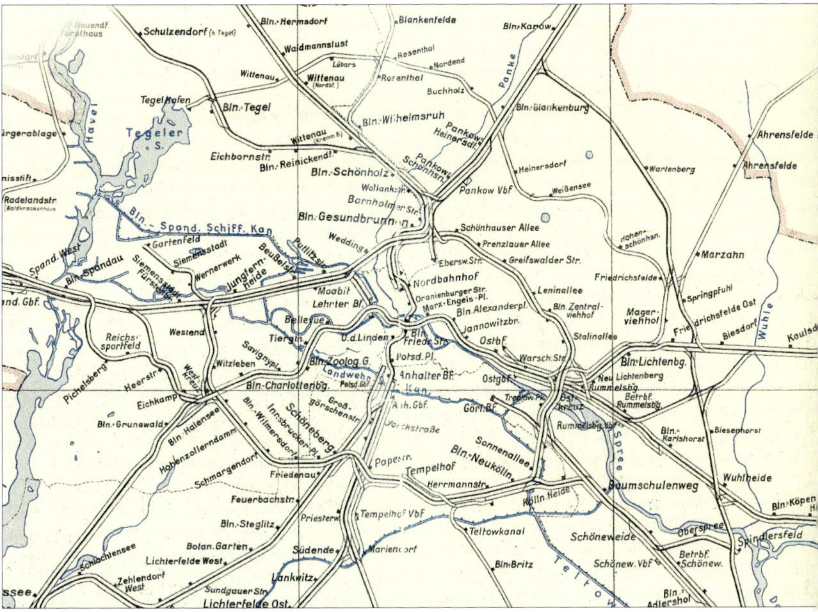

Die Berliner Eisenbahnanlagen im Jahre 1951

Der zweitjüngste Bahnhofsneubau der Deutschen Bahn: Berlin-Spandau

103 221 macht sich in Berlin-Spandau mit einem InterRegio auf den Weg nach Hannover

aufeinander. Seit dem 30. Dezember 1998 halten Fernzüge dieser Richtungen und jeder zweite der ICE-Züge, die über die erst im benachbarten Bahnhof Staaken beginnende Schnellbahn fahren, und es enden die S-Bahn-Züge von Strausberg. Seit 1980 war Spandau vom S-Bahn-Verkehr abgeschnitten. Das alte Gleis Berlin – Lehrte liegt neben der Bahnhofshalle und führt zum alten Güterbahnhof, der die Übergangs-stelle für die Osthavelländische Eisenbahn ist. Der bisherige Spandauer Bahnhof ist nur noch S-Bahnhof und heißt jetzt Stresow. In Spandau endet sonst noch eine der längsten Berliner U-Bahn-Linien (31,8 km), sie beginnt in Rudow im Süden der Stadt.

Spandau liegt an der Havel, um sie zu überqueren baute die Eisenbahn anstelle der Fachwerkbrücke eine neue, in Wellenform auf das wasserreiche Gebiet

Wichtigster Fernbahnhof Berlins:
Der Bahnhof Zoologischer Garten

Von Berlin Zoologischer Garten starten viele Buslinien, darunter die Touristenlinie 100

hinweisende dreifeldrige Ganzstahl-Trogbrücke für sieben Gleise mit einer Spannweite von 71,2.

Über den S-Bahn-Gleisen spannt sich ein 180 m langes Tonnendach, das über den vier Fernbahngleisen ist jeweils 415 m lang und damit das in Europa längste Dachgewölbe aus Glas und Stahl. Den Stahl-Glas-Bau führte ein Würzburger Unternehmen aus. Die Tragwerksteile tragen Korrosionsschutz im Farbton DB 701 „Eisenglimmer". Für den neuen Bahnhof reichte der spanische Architekt Calatrava einen Entwurf ein, den der Vorstand der Deutschen Bahn vom Architekturbüro Gerkan, Marg & Partner mit einem Stuttgarter Architekturbüro überarbeiten ließ. Wenn das neue Projekt nicht mehr so großartig ausfiel, so blieb ihm mit 24.000 m² das viele Glas. Es ist der erste Bahnhofsneubau der Deutschen Bahn AG.

Als Besonderheit gilt außerdem, dass in Deutschland nach langer Abstinenz eine Bahnhofshalle gebaut wurde. In Betrieb ging der neue Spandauer Bahnhof am 21. Mai 1997, zuerst mit nur einem Bahnsteig für die Hamburger Züge. Er hat auch Schönheitsfehler: Die Rolltreppen arbeiten nur aufwärts, es mangelt an einer deutlichen Eingangszone, der überdachte Übergang zur U-Bahn wurde nicht ausgeführt.

Spandau am Zusammenfluss von Havel und Spree, bis 1920 eigenständige Stadt am Rande Berlins, hat eine gepflegte Altstadt und ist bekannt durch die 1560 bis 1594 erbaute Zitadelle. Die Schleuse Spandau wurde 1910 in Betrieb genommen. Im Stadtbezirk haben sich Siemens und Orenstein & Koppel angesiedelt.

Berlin Zoologischer Garten:

Der Bahnhof Berlin Zoologischer Garten im Stadtbezirk Charlottenburg-Wilmersdorf, oft nur kurz „Bahnhof Zoo" genannt, war 1882 nur für den Vorortverkehr eröffnet worden, seit 1884 wird er auch von Fernzügen benutzt. Er kennt schon mehrere Umbauten. Für die Westberliner galt er als Hauptbahnhof, und nach der Maueröffnung gab es nicht wenige Missverständnisse, gab es doch im Osten der Stadt einen Bahnhof, der – bis 1998 – wirklich Hauptbahnhof hieß.

Der Bahnhof liegt, wie sein Name sagt, am Zoologischen Garten, den es als ersten Zoo in Deutschland schon seit 1844 gibt. Beide, Bahnhof und Zoo, haben den Vorzug, mitten in der Stadt zu liegen (in Friedrichsfelde befindet sich der zweite Berliner Zoo, der „Tierpark").

Nicht weit vom Bahnhof steht die Kaiser-Wilhelm-Gedächtniskirche – ein Wahrzeichen Berlins. In der Nähe haben Börse, Industrie- und Handelskammer, Bundesverwaltungsgericht, Technische Universität und andere Einrichtungen ihren Sitz. In Bahnhofsnähe verlaufen Kurfürstendamm („Kudamm") und Tauentzienstraße, beides mit mehreren Kaufhäusern beliebte Einkaufs- und Flaniermeilen. Unter dem Bahnhof verlaufen zwei U-Bahn-Linien, vor dem Empfangsgebäude, am Hardenbergplatz, beginnen mehrere Buslinien, so ist „Berlin Zoologischer Garten" ein richtiger Stadtbahnhof, auf dem es stets lebhaft zugeht.

Sein heutiges Aussehen ist auf den nicht vollendeten Umbau anlässlich der Olympischen Spiele 1936 zurückzuführen. Dabei erhielt der Bahnhof anstelle der nach oben spitz verlaufenden Bahnhofshalle eine in rechteckiger Form. 1934/38 kam der Inselbahnsteig der S-Bahn in eine eigene, 6 m hohe, 21 m breite und 169 m lange Halle auf der Brücke über der Hardenbergstraße, versetzt zum übrigen Bahnhof.

Im Krieg beschädigt, wurde der Bahnhof 1952 wieder hergerichtet und die Halle endlich verglast, was 1940 un-

ICE und Gedächtniskirche – inzwischen ein vertrauter Berliner Anblick

Anders als der triste Bahnhof Charlottenburg verstrahlt das nahe gelegene Schloss Charlottenburg Prunk und Pracht

terblieben war. 1957 baute man das auf Stützen vorgelagerte Restaurant, die „Zoo-Terrassen" an die Halle. Der Bahnhof war seit Kriegsende für die Westberliner das schäbige Symbol der vom Osten gesteuerten Deutschen Reichsbahn. Auf Kosten des Westberliner Senats wurde er 1986/87 renoviert. Dabei sind auch die Bahnsteige außerhalb der Halle verlängert und überdacht worden.

Nach dem Mauerfall stieg bei den Westberlinern die Eisenbahn plötzlich in der Gunst, weil nun Schikanen bei der Fahrt durch die DDR der Vergangenheit angehörten. Vorher fuhren sie auf den Transitstrecken ungern und benutzten mehr die Fluglinien, über die die DDR keine Kontrolle ausüben konnte (abgesehen vom Flughafen Schönefeld, wo Kontrollen für Westberliner stattfanden, es bestand ein eigener Übergang zum Bus nach Westberlin). Berlin, zwar noch kein Regierungssitz, aber Bundeshauptstadt, brauchte attraktiven Schienenverkehr, und so wurde der Bahnhof Berlin Zoologischer Garten an das ICE-Netz angebunden, zahlreiche Intercity-Verbindungen berührten ihn, seit 1998 ist er Station für die zahlreichen ins Umland fahrenden Regionalzüge, die die Stadt durchqueren. All das führte zu einer Belebung dieses Bahnhofs, der mit seinen drei Bahnsteigen (davon einer für die S-Bahn) für den Bahnbetrieb recht einfach gebaut ist. 1994 begann die Neugestaltung der unteren Ebene, während es auf der oberen Ebene bei den zwei Inselbahnsteigen für den Fernverkehr blieb, nur der Bahnsteig A wurde im Gleisfeld um 16 m verlängert. Das Reisezentrum vergrößerte sich, es wurden da, wo sich früher die Fahrkartenausgabe befand, und anderen Stellen kleine Läden und Imbissplätze eingerichtet und so die Empfangshalle aufgelockert. Geplant sind Warteräume, heute „DB-Lounge" genannt, auf der Zwischenebene. Die Außenfassade wurde behutsam renoviert und kaum verändert, weil das prägnante Bild des Bahnhofs weiterhin sichtbar bleiben soll.

Berlin-Charlottenburg:

Charlottenburg gibt es als Stadtbahn-Bahnhof seit 1882, im gleichen Jahr als Bahnhof auch noch für den Vorort- und Fernverkehr und mit vier Bahnsteigen als einen der größten Bahnhöfe an der Stadtbahnstrecke.

Das im Krieg zerstörte, später teilweise wieder aufgebaute Empfangsgebäude ist 1971 durch ein neues ersetzt worden, es ist ein einfacher Stahlbetonskelettbau. Bis in die jüngste Zeit wurde der Bahnhof nicht nur für den S-Bahn-Verkehr, sondern auch für den Fernverkehr benutzt, z. B. endeten hier Nachtzüge. Jetzt fahren solche Züge durch, der Fernbahnsteig nimmt den Regionalverkehr auf. An zwei Inselbahnsteigen halten die S-Bahnen mehrerer Linien. Wiederbelebt wird der Gedanke, die Bahnsteige der S-Bahn um ca. 300 m in Richtung Osten zu verlegen, nicht wegen der Wilmersdorfer Straße – eine Einkaufsstraße mit mehreren Kaufhäusern –, sondern wegen der U-Bahn-Station der Linie 7, die 400 Meter entfernt liegt.

Da der Stuttgarter Platz am Bahnhof neu gestaltet werden soll, bietet sich die Verlegung an. Der Zugang zur S-Bahn ist durch eine Ladenpassage vorgesehen. Der Regionalbahnsteig wird nicht verändert, er liegt dann versetzt zum Bahnsteig der S-Bahn.

Berlin-Wannsee:

Unter Wannsee versteht der Berliner auch das Badeparadies, denn am Großen Wannsee befindet sich ein beliebtes Strandbad und eine Anlagestelle für Schiffe, die auf der anschließenden Seenkette fahren. Wannsee wurde auch bekannt als Ort, wo 1942 die „Endlösung der Judenfrage" organisatorisch abgeklärt wurde.

Von Potsdam aus erster Bahnhof in Berlin: Berlin-Wannsee

So stellt sich das Architektenbüro den Lehrter Bahnhof vor. Quer in den Bürotürmen liegt die Bahnsteighalle für die Züge der Ost-West-Richtung. Der linke Turm mit dem DB-Zeichen ist lediglich ein Abluftkamin für den Tunnel unter dem Tiergarten

Im Bahnhof Wannsee halten Züge des Nah- und Fernverkehrs. Von hier aus führen zwei S-Bahn-Linien in das Stadtzentrum, eine – mitunter als Wetzlaer Bahn bezeichnet – in gerader Linie über Charlottenburg – Zoologischer Garten – Alexanderplatz, die andere im Südbogen (Wannseebahn) über Steglitz – Anhalter Bahnhof – Friedrichstraße – Nordbahnhof. Der Bahnhof ist Berlins einziger Verladebahnhof für Autoreisezüge. Ihn gab es schon 1874, als die Strecke Zehlendorf – Neubabelsberg (heute Griebnitzsee) eröffnet wurde, allerdings mit der Bezeichnung „Wannsee". Mit dem S-Bahn-Verkehr erhielt der Bahnhof das heutige als Baudenkmal anerkannte Empfangsgebäude im expressionistischen Stil, entworfen von Richard Brademann mit einer achteckigen Empfangshalle. Dass es in Wannsee drei Mittelbahnsteige gibt, ist dem Nebeneinander von zwei Bahnverwaltungen zu verdanken, zuerst gab es den Bahnsteig für die Berlin-Potsdam-Magdeburger Eisenbahn, dann einen extra für die Wetzlaer Eisenbahn, der dritte kam erst 1928 hinzu. Das neue Stellwerk ließ die BVG für den S-Bahn-Betrieb bauen. Im Bahnhof Wannsee zweigte von 1913 bis 1961 eine S-

Bahn-Strecke nach Stahnsdorf ab, wo sich – außerhalb Berlins – mit 200 ha der größte Friedhof für Berlin erstreckte, weshalb diese von der Berliner Stadtsynode angeregte und finanzierte Strecke auch „Friedhofsbahn" genannt wurde, schließlich fanden auf der 4,3 km langen, eingleisigen Strecke die Transporte der Leichen statt – in Güterzügen mit Leichenwagen. Seit 1928 gab es hierher elektrischen S-Bahn-Betrieb. Der S-Bahnhof hat viel Trauer gesehen. Auf dem Waldfriedhof fanden zahlreiche Künstler und Prominente ihre letzte Ruhe, u. a. Werner von Siemens, Heinrich Zille, Rudolf Breitscheid, Conrad Matschoß (bekannt durch sein Werk „Männer der Technik") und Gustav Langenscheidt.

Berlin Lehrter Bahnhof:
Als spektakulärster Eisenbahnbau in Berlin gelten die Tunnel für die Nord-Süd-Strecke und der neue Zentralbahnhof, der Lehrter Bahnhof. Ob sein Name so bleiben wird oder ob er Hauptbahnhof heißen soll, ist ungewiss. Nach dem Ersten Spatenstich durch den damaligen Bundeskanzler Kohl am 13. Oktober 1995 begannen die Erdarbeiten für den neuen Lehrter Bahnhof, der im Jahre 2006 an der Invaliden-

straße auf dem Stiel des gedachten Pilzes als Hauptbahnhof für Berlin stehen wird. Für ca. 500 Millionen Euro entsteht, mit nichts an den alten Lehrter Bahnhof erinnernd, nach Entwürfen des Hamburger Architekturbüros Gerkan, Mark und Partner auf fünf Ebenen ein vollkommen neuer Bahnhof in Nähe des Regierungsviertels. Das Nord-Süd-Bahnhofsteil liegt in 15 m Tiefe mit acht Gleisen und vier Bahnsteigen. Fern- und Regionalzüge werden in der Nord-Süd-Richtung durch vier, innen 7,85 m hohe Tunnelröhren fahren. Die Tunnel für die Eisenbahn, den Straßenverkehr (B 96) und die U-Bahn sollen das hochwertige Stadtzentrum und den historischen Tiergarten als große Berliner Grünanlage vom dichten Verkehr verschonen (Baukosten der Nord-Süd-Verbindung zwischen Nordring – Lehrter Bahnhof – Papestraße: ca. 3 Mrd Euro.). Von den etwa 3 425 m Tunnelstrecke der Nord-Süd-Fernbahn entstanden 2 136 m offen in der Sohle-Wand-Bauweise, 1 279 m bergmännisch mit Schildvortrieb und der Rest in der Senkkastenbauweise. Die 100 m breite, von Schiffen befahrene Spree ist während der Bauzeit um die offene Baugrube umgeleitet worden. Durch Unterspülen des Erdreichs wurden die Senkkästen von jeweils 37 m Länge und 60 m Breite und von bis zu 25 000 t Gewicht in den Boden abgesenkt, sechs südlich des Landwehrkanals. In zwei nördlichen Senkkästen starteten die Vortriebsmaschinen in Richtung Potsdamer Platz. Die Ost-West-Strecke auf dem Stadtbahnviadukt bleibt bestehen, sie liegt im Bahnhofsbereich jedoch 25 m höher als die Tunnelbahnsteige auf einer neuen, im Bogen verlaufenden Brücke über den Humboldthafen mit fünf zweigleisigen und zwei eingleisigen Tragwerken. 250 m ist die Brücke lang und weitet sich für den Bahnsteig von 39 m auf 66 m auf. Für die Züge und die S-Bahn auf der Stadtbahn gibt es im Lehrter Bahnhof drei Bahnsteige und eine

INFO

Die Ebenen des Lehrter Bahnhofs

Ebene	Nutzer
+2	• Fußgänger
+1	• S-Bahn der Linien S 3, S 5, S 9
	• Ost-West-Verbindung für Fern- und Regionalzüge
0	• Straßenbahnen
	• Busse
	• Taxi
	• Anlagen für den Bahnbetrieb und für Dienstleistungen
-1	• Fußgänger
	• Bahnhofshalle
	• Tiefgarage
	• Anlagen des Bahnbetriebs und für Dienstleistungen
-2	• U-Bahn-Linie U 5
	• Nord-Süd-Gleise des Fern- und Regionalverkehr und für den Flughafenexpress nach Schönefeld

430 m lange Bahnhofshalle, in der Mitte mit 65 m Stützweite, an den Enden mit 45 m. Zudem liegt sie in der Krümmung, so dass kein Glassegment die gleiche Abmessung hat.

Was hier wie eine unübersichtliche Baustelle aussieht, wird das Untergeschoss des Bahnhofs Berlin Lehrter Bahnhof

In offener Bauweise sind die Flächen für den unterirdischen Bereich des Lehrter Bahnhofs hergestellt. Noch gibt es den Lehrter Stadtbahnhof (Bildmitte), der 2002 weichen
wird. In der Nachbarschaft entsteht der Bahnsteig für Fernzüge und S-Bahn, die obere
Ebene des Bahnhofs (Aufnahme: 1998)

Nur 58 mm starke Stahlseile und ein feines Tragwerk halten das Bauwerk mit 30.000 m² Glas, das doppelt eingesetzt wird, um die obere Bahnhofshalle vor zu starker Sonnenwärme zu schützen. Das Dach trägt eine Solaranlage. Diese obere Halle liegt quer im Empfangsgebäude und ragt beiderseits wie eine gequetschte Banane aus den Glaskörpern der Bürotürme, so sie gebaut werden, heraus. Die Würzburger Firma Mero baut die recht komplizierte Bahnsteighalle. Rolltreppen und Panorama-Aufzüge verbinden die oberen Bahnsteige mit denen in der Tiefe, denn der Lehrter Bahnhof ist das Umsteigekreuz für Züge in vier Himmelsrichtungen. Markant für das Bahnhofsgebäude ist das viele Glas, das viel Licht in die Tiefe lassen soll. Dem befürchteten Hitzestau in der Bahnhofshalle kann begegnet werden, indem an mehreren Stellen geöffnete Flächen die Luftzufuhr regeln. Die Bahnsteige der Nord-Süd-Richtung liegen unter der Eingangshalle. Das Sonnenlicht fällt durch die Bodenöffnungen auf den unteren Bahnsteig. Doch ganz ohne Kunstlicht werden die Bahnsteige nicht auskommen. Der Plan sah an der Bahnhofshalle zwei Glastürme mit zehn Etagen als Bürogebäude (bahnintern „Bügelgebäude") vor, die aus Kostengründen wohl nicht gebaut werden. Am Lehrter Bahnhof war auch das Gebäude für die DB-Konzernleitung geplant. Seit sie im Sony-Gebäude ihren Sitz hat, ist es um das DB-Gebäude ruhig geworden. So wird „Berlin Lehrter Bahnhof" über Tage allein mit der Eingangshalle, der oberen Querhalle und dem 60 m hohen Abluftkamin zu sehen sein. Auch werden vorerst nur in zwei der vier Eisenbahntunnel die Gleise verlegt, und zwar auf fester Fahrbahn für Geschwindigkeiten bis zu 120 km/h und – das ist in Deutschland neu – mit einer an der Tunneldecke befestigten Stromschiene. Die einst unter Denkmalschutz stehende S-Bahn-Station Lehrter Stadtbahnhof wird 2002 abgerissen.

Berlin-Lichtenberg:
Berlin-Lichtenberg war von der Deutschen Reichsbahn als Fernbahnhof für den Binnenverkehr gedacht. Einst war der Bahnhof lediglich Rangierbahnhof Lichtenberg-Friedrichsfelde an der Nie-

Der Bahnhof Berlin-Lichtenberg dient dem Nah- und Fernverkehr und hat – außer zur Stadtbahn – in alle Richtungen eine gute Streckenanbindung

Fernbahn- und S-Bahnsteig von Berlin-Schöneweide mit den denkmalgeschützten Häuschen. Die Bahnsteigdächer sind gekürzt, weil ein Sturm den Rest zum Einsturz brachte

derschlesisch-Märkischen Eisenbahn. Erst seit 1952 fuhren Fernzüge hier ein, als der Bahnhof einen neuen Bahnsteig besaß. Sonst hielten nur die S-Bahn-Züge an, es gab ein bescheidenes Empfangsgebäude, in dem man auf die U-Bahn-Linie Alexanderplatz – Friedrichsfelde übergehen konnte. 1973 begann mit dem Bau der neuen über den Bahnhof führenden Straßenbrücke (Gute Sicht auf den Bahnbetrieb!) der Umbau. Die Bahnsteige wurden verlegt, es kam einer weiterer hinzu. Neu gebaut wurde das Empfangsgebäude, das ursprünglich größer ausfallen sollte (1982 fertig). An den Enden des Bahnhofs befinden sich einerseits die Wagenhalle der S-Bahn (ehemals S-Bw Friedrichsfelde), anderseits Anlagen des Betriebshofes (ehemals Bahnbetriebswerk Berlin-Lichtenberg). Am Zaun zur S-Bahn-Station Nöldnerplatz war der Regierungssonderzug der DDR abgestellt. Der Bahnhof Berlin-Lichtenberg ist nach Osten zu an die Strecke Küstrin-Kietz sowie zweimal an den Berliner Außenring angeschlossen, nach Westen zu gibt es Anschlüsse auf die Stadtbahnstrecke mit Kurven nach Frankfurter Al-

lee und nach Treptow. Eine Verbindung zwischen Rummelsburg und Frankfurter Allee/Treptower Park führt im Westen am Bahnhof vorbei. Hinzu kommt die S-Bahn-Strecke vom Stadtzentrum nach Strausberg, die in Friedrichsfelde Ost für Züge nach Ahrensfelde und Wartenberg verzweigt.

Der Bahnhof ist, obwohl ein großer Teil der Züge die Verbindung Ostbahnhof – Zoologischer Garten benutzt, immer noch von Bedeutung. Hier treffen die Züge aus Osteuropa ein, die oft ein buntes Bild bieten. Das innen verbaute Empfangsgebäude wurde nach heutigen Ansprüchen umgestaltet. Es gibt eine Ladenpassage und einen verglasten Personenaufzug. Der Boden des Erdgeschosses ist als Oval geöffnet, so dass das Untergeschoss Tageslicht erhält. Die Straßenfront blieb fast unverändert.

Berlin-Schöneweide:
Der Bahnhof Berlin-Schöneweide hat heute nur noch für die S-Bahn- und die Regionalzüge Bedeutung. An zwei Inselbahnsteigen halten die S-Bahn-Züge und ein dritter Inselbahnsteig dient den Regionalzügen. An ihm fahren auch andere Züge vorbei, denn die beiden

Bahnsteiggleise sind mit den Streckengleisen von und nach Berlin Baumschulenweg verbunden. Man hat vom Bahnsteig aus den Eindruck, der Bahnhof Berlin-Schöneweide ist ein Haltepunkt. Doch hinter dem südlichen Bahnsteigende erstreckt sich ein großer Rangierbahnhof, und es stehen da Anlagen eines ehemaligen Bahnbetriebswerkes (Betriebshofs). Neben einem Bahnsteiggleis liegt ein Rangiergleis, das das Gleis unterquert und zu Ladegleisen an der Nordseite des Bahnhofs führt. Bis etwa 1991 nahm der eine Bahnsteig auch Züge des Fernverkehrs auf, weil auf den anderen Bahnhöfen in Ostberlin die Kapazität nicht ausreichte. In Berlin-Schöneweide wurde viel zwischen den Fernzügen und der S-Bahn umgestiegen. Das bis heute kleine Empfangsgebäude stammt aus den Jahren 1880/82, neu ist nur das Dach über der Außentreppe. Die Bahnsteige kamen 1906 in die Hochlage. In der Durchgangshalle mit den Fahrkartenschaltern ging es eng zu, 1972/73 wurde sie verbreitert. Zuerst gab es nur einen Haltepunkt mit dem Namen „Neuer Krug" an der Berlin-Görlitzer Eisenbahn.

Die Gegend um den heutigen Bahnhof galt als Ausflugsziel für die Berliner, und da hielten einige Züge an Sonntagen. Bis 1929, als der Name „Berlin-Schöneweide" eingeführt wurde, änderte sich die Stationsbezeichnung mehrmals. Aber Schöneweide als Ortsteil gibt es nicht, es ist ein Kompromiss zwischen Ober- und Niederschöneweide. Mancher Berliner spricht im Spaß von „Schweineöde".

Die S-Bahn hat hier Kehranlagen, bestehend aus jeweils einem oder meh- ➜

120 Jahre alt ist das Empfangsgebäude des Bahnhofs Berlin-Schöneweide, als Niederschöneweide-Johannisthal eröffnet (Zustand: 1997)

Berlin in den „goldenen 20ern": Max Palme reist nach Stettin

Alle Jubeljahre verreist Max Palme aus Dresden zu seiner Tante nach Stettin. Als er sich dazu am 13. Juni 1925 entschloß, hatte er die Auswahl zwischen dem D 51 von Wien und dem Zug 67 nach Berlin. D 51, ab Dresden Hbf 4.05 Uhr, war zwar elf Minuten schneller als Zug 67, aber Max wollte nicht so früh aufstehen, und so bevorzugte er den beschleunigten Personenzug um 6.18 Uhr, der nach drei Stunden und 18 Minuten um 9.36 Uhr im Anhalter Bahnhof einlief.

Max war in der Metropole Berlin, die auch eine Eisenbahnmetropole war, angekommen!

Wie nun weiter nach Stettin? Die Züge in Richtung Pommern und Ostpreußen fuhren vom Stettiner Bahnhof ab. Gut 15 Jahre später wäre es ein Klacks gewesen, dorthin zu kommen, die Nord-Süd-S-Bahn verband die beiden Bahnhöfe. Aber 1925?

Zum Glück kannte sich Max von früheren Reisen her aus, auch der Zugschaffner, ein Berliner, hatte ihm geraten. Nur: der nächste Zug, es war der beschleunigte Personenzug 595 nach Stolp, fuhr um 10.10 Uhr ab. 34 Minuten Übergang von einem Bahnhof zum anderen, obendrein durch das Gewühl in den

Bahnhofshallen? – Das war zu wenig. Aber Max hatte ja Zeit, er gehörte ja nicht zu den hektischen Berlinern. Wäre es Juli oder August, hätte er in den Vorzug zum D 19 einsteigen können, der um 2.50 Uhr abfuhr (damals schrieb man so für 14.50 Uhr und unterstrich die 50 zum Zeichen, daß der Nachmittag damit gemeint war) und vor allem von Badegästen benutzt wurde, denen die Ankunft abends in Kolberg, wohin der Zug fuhr, genügte. Im Juni aber mußte sich Max bis zum Stammzug, dem D 19, gedulden. Der fuhr um 15 Uhr nach Stolp und war 17.13 Uhr in Stettin. Für Max Palme ein Taxi zu teuer. Für 400 Meter waren 70 Pfennig und für jeweils 200 Meter je 10 Pfennig Grundtaxe vorgeschrieben. Zu bezahlen war aber bei einer Benzindroschke das Achtfache des Preises, bei einer Pferdedroschke nur das Fünffache. Die Straßenbahn war da ungleich billiger: 1 Mark, bei einmal Umsteigen 1,50 Mark. Im Autobus zahlte man eine bis zwei Mark.

Max hätte in die Trambahnlinie 1, den sogenannten Stadt-

Stadtbahn beim Bahnhof Bellevue

Der Stettiner Bahnhof in einer Ansicht aus der Zeit kurz nach der Jahrhundertwende

ring, direkt vor dem Portikus des Anhalter Bahnhofs einsteigen können. Die „Bimmel" fuhr am Potsdamer Bahnhof und am Brandenburger Tor vorbei, umrundete den Reichstag, überquerte auf der Kronprinzenbrücke die Spree und fuhr durch die Karlstraße, am Oranienburger Tor vorbei zum Rosenthaler Platz. Dort hätte Max in die Linie 2 „Außenring" umsteigen müssen, die ihn zum Stettiner Bahnhof gebracht hätte.

Aber Max fuhr lieber Omnibus. Die Linie 5 brachte ihn vom Potsdamer direkt zum Stettiner Bahnhof. Er brauchte nur wenige hundert Meter vom Askanischen Platz in die Königgrätzer Straße zu laufen,

wo sich die Haltestelle am Potsdamer Bahnhof befand. Sogleich umfing ihn der nicht abreißende Straßenverkehr. Für den Dresdner war dann der Verkehrsturm am Potsdamer Platz etwas ganz Neues, der die Verkehrsströme erstarren und erneut losfluten ließ. Was Max nicht wußte: Fast 90.000 Kraftfahrzeuge gab es damals bereits in Berlin, 1925 aber auch 11.056 Verkehrsunfälle mit 162 Toten.

Als der Bus mit der Nummer 5 die Kreuzung von Chaussee- und Invalidenstraße überquerte, erhielt Max Palme einen letzten Eindruck vom Verkehrsgetöse. Lastwagen und ein Ponygespann, Autotaxis und einige Pferdedroschken –

es fuhren immer noch fast 1.600 Stück -, ja auch ein Hundefuhrwerk sah er, der froh war, wieder ruhigen Boden unter den Füßen zu finden. Unser Freund kehrte im „Nordischen Hof" ein, in dessen Bierrestaurant sich der Dresdner wohlfühlte. So brauchte er in dem doch etwas teuren Speisewagen nicht essen zu gehen, ohnehin war es für das Mittagsmahl zu spät.

Viel zu zeitig schlenderte er gegen 14 Uhr über den belebten Bahnhofsvorplatz zur großen Halle. Ein paar Plätze im Zuge waren von Leuten mit viel Gepäck, die „in die Sommerfrische" fuhren, nun doch bereits belegt.   EP

Auch der Rangierbahnhof Berlin-Schöneweide ist mehr zum Abstellbahnhof geworden

reren Gleisen hinter dem Bahnsteig, damit der S-Bahn-Zug abgestellt und danach mit Richtungswechsel – eben in umgekehrter Richtung – an den Bahnsteig fahren kann. Damit der Triebwagenführer das Zugende wechseln kann, befinden sich außen in Türhöhe Treppen.) Eine abzweigende S-Bahn-Strecke endet nahe der Spree im Ortsteil Spindlersfeld. Dort betrieb die Deutsche Reichsbahn in einer Villa die Hauptdispatcherleitung.

Über die Spreebrücke ist man rasch im Kern von Köpenick und am Rathaus, das 1906 von Wilhelm Voigt als verkleideter Hauptmann besetzt wurde. Zwischen Niederschöneweide-Johannisthal (heute Berlin-Schöneweide) und Berlin-Spindlersfeld fand von 1903 bis 1906 der Versuchsbetrieb mit 6 kV-Wechselstrom 25 Hz statt. Das war die erste Einphasenwechselstrombahn der Welt. Seit 1929 fährt die S-Bahn hier elektrisch. Die in Schöneweide auf dem S-

Bahnsteig stehenden Gebäude für die Aufsicht waren abgerissen und danach originalgetreu wieder aufgebaut worden, denn sie unterliegen dem Denkmalschutz. Den Rangierbahnhof gibt es seit 1889. Er wurde mehrmals erweitert, 1911/12 erhielt er Einfahrguppen. Inzwischen ist es auf dem Rangierbahnhof recht ruhig geworden, Ablaufbetrieb findet seit 1996 nicht mehr statt. Aber es gibt den S-Bahn-Haltepunkt „Betriebsbahnhof Berlin-Schöneweide", der zuerst 1927 als „Betriebshaltepunkt Nieder-Schöneweide" in Betrieb ging und seit 11. Juli 1945 der Öffentlichkeit zur Verfügung steht. Eine Fussgängerbrücke führt einerseits zu der Anlage des ehemaligen Bahnbetriebswerks, anderseits über die Straße Adlergestell, u. a. gut für die Arbeiter der S-Bahn-Hauptwerkstatt geeignet, die sich zwischen dem Adlergestell und der S-Bahn-Strecke nach Spindlersfeld befindet.

Der Rangierbahnhof erstreckt sich bis zum Ortsteil Adlershof, dort, am Ende des S-Bahnsteigs, steht das Befehlsstellwerk. Die S-Bahn-Station in Nähe der TV-Studios und vom Wista (Wissenschafts- und Wirtschaftsstandort Adlershof) geht auf einen Haltepunkt des Jahres 1874 zurück.
Bis 1901 hieß die Station Adlershof-Alt-Glienicke; 1956 entstand in Nähe der Gleise der Deutsche Fernsehfunk, und wenn man von „Adlershof" sprach, war die Fernsehanstalt der DDR gemeint. 1892/94 entstand das Adlershofer Empfangsgebäude. Zum hoch gelegenen Bahnsteig für den Vorortverkehr kam auch einer für den Fernverkehr. Als das Adlergestell als wichtigste Ausfallstraße der DDR-Hauptstadt 1967 verbreitert wurde, stand das alte Empfangsgebäude im Wege und wurde abgebrochen. Ein schmuckloser Eingang muss nun genügen.

Außerhalb der Stadt liegt der Bahnhof Berlin-Schönefeld Flughafen, den der Zug mit den Talgo-Schlafwagen verlässt

Westseite vom Bahnhof Berlin-Schönefeld Flughafen: Erst mit dem Umbau in den 80er Jahren wurden für das Publikum erträgliche Verhältnisse geschaffen

Der Station fehlt auch der Bahnsteig für die Fernzüge, der zumindest 1960 noch in Plänen verzeichnet war.

Berlin-Schönefeld Flughafen:
Berlin-Schönefeld Flughafen liegt außerhalb der Stadtgrenze und ist – streng genommen – kein Fernbahnhof Berlins. Deshalb führte er die Bezeichnung „Berlin" nicht an erster Stelle. Erst die Deutsche Bahn AG durchbrach diese Regel und benannte 1996 den Bahnhof mit „Berlin-Schönefeld Flughafen". Seit 1962 hieß er „Zentralflughafen Schönefeld", im gleichen Jahr „Zentralflughafen Berlin-Schönefeld" und von 1976 bis 1996 „Flughafen Berlin-Schönefeld". Schönefeld (b Berlin) war Betriebsstelle am Berliner Außenring, von Anfang an für den öffentlichen Personen- und Güterverkehr vorgesehen, jedoch dafür nicht zugelassen. Als 1952 die DDR rings um Berlin mit Ausweis-

kontrollen begann, um Westberlinern ungenehmigte Reisen außerhalb Berlins zu versagen und aus Zügen die DDR-Bürger zu fischen, die im Verdacht standen, nach Westberlin zu reisen, wurde Schönefeld Kontrollbahnhof, zu dem acht lange Gleise und vier kurze Bahnsteige für die Kontrollhalte gehörten. Nach dem Mauerbau musste man den aus dem Süden in die Stadt pendelnden Arbeitern neue Verkehrsmöglichkeiten anbieten.

So wurde der Bahnhof Schönefeld (b Berlin) öffentlich und Umsteigebahnhof auf die neue S-Bahn-Linie, die seit 26. Februar 1962 den Bahnhof mit Berlin-Adlershof und damit mit dem Stadtzentrum verband.

Endlich gab es für den Flughafen eine Eisenbahnanbindung – freilich bis heute mit weitem Fußweg oder mit Shuttle-Bus. Auch für Fernzüge wurde Schöne-

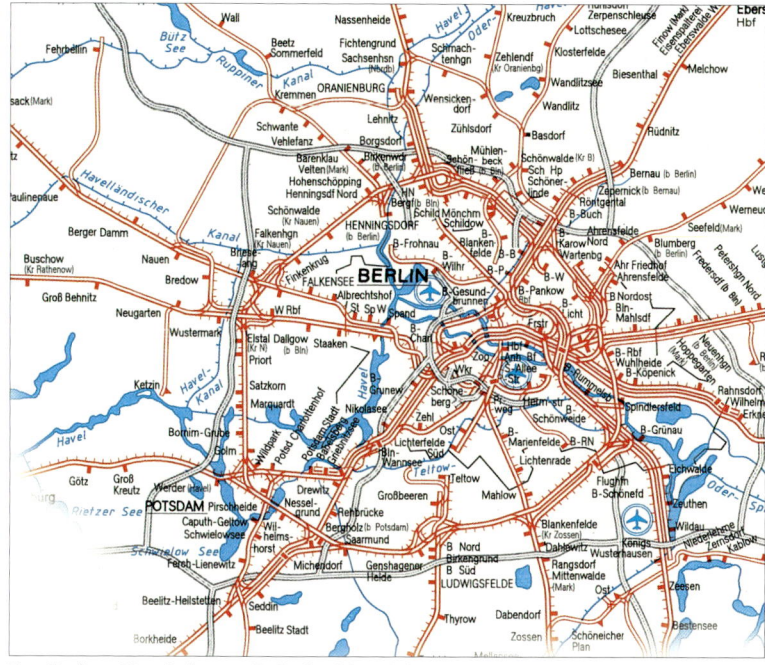

Das Berliner Eisenbahnnetz Ende der 90-er Jahre

feld Umsteigepunkt, zumal die Deutsche Reichsbahn oft und auch außerplanmäßig die Züge hier vor der Stadtgrenze enden ließ und die Reisenden zur S-Bahn schickte. Auch zu diesem Bahnhof gab es Spitznamen, zum Beispiel „Freies Feld", und nur Provisorien. Die Verhältnisse wurden immer unerträglicher, so dass der Umbau dieses Bahnhofs nicht weiter aufgeschoben werden konnte.

Zuerst wurde ein zwölf Meter breiter Fußgängertunnel ausgehoben, der die schmale Brücke („Galgen") zwischen den Bahnsteigen zu ersetzen hatte. In den bereits in den fünfziger Jahren gebauten Stellwerksturm an der Rudower Chaussee setzte die Deutsche Reichsbahn anstelle der alten Stellwerkseinrichtung die Spurplantechnik. 1984 ist das Empfangsgebäude (in der Planung von drei auf zwei Geschosse minimiert) in Betrieb gegangen. Außer dem Bahnsteig für die S-Bahn gibt es zwei Inselbahnsteige für den Fern- und Regionalverkehr. Zwischen ihnen liegen zwei Durchfahrgleise.

Die Strecke von hier bis zur Abzweigstelle Glasower Damm wurde 1983 drei-, 1986 viergleisig, auf das dritte Gleis nach Grünauer Kreuz wurde 1993 verzichtet, nachdem schon das Planum hergestellt war. Vorgesehen mit dem Ausbau des Flughafens ist, die S-Bahn in einer Kehre bis an das Abfertigungsgebäude zu führen.

Auf dem Bahnsteig stehen oft Eisenbahnliebhaber, denn bei den zahlreichen Zugfahrten des Nah- und Fernverkehrs sowie Güterzügen ist in dichter Folge eine Vielfalt an Fahrzeugen zu sehen.

Zeittafel zum Berliner Fernverkehr

1838 Erste Berliner Eisenbahn von Schöneberg nach Potsdam eröffnet und erster Potsdamer Bahnhof in Berlin errichtet

1841 Berlin – Jüterbog der Anhaltischen Bahn eröffnet und erster Anhalter Bahnhof errichtet

1842 Berlin-Frankfurter Bahn eröffnet

Abschnitt Berlin – Eberswalde der Berlin-Stettiner Bahn mit dem ersten Stettiner Bahnhof eröffnet

Niederschlesisch-Märkischer Bahnhof eingeweiht

1846 Strecke Berlin – Hamburg und erste „großartige" Bahnhofsanlage in Berlin eröffnet

1848 Durchgehende Eisenbahnreise Berlin – Paris möglich

1851 Verbindungsbahn Stettiner Bahnhof – Anhalter Bahnhof eröffnet

1867 Ostbahn Berlin – Küstrin und „neuer Küstriner Bahnhof" (Ostbahnhof) eröffnet

1868 Berlin-Görlitzer Eisenbahn und Görlitzer Bahnhof eröffnet

1869 Zweiter Bahnhof der Niederschlesisch-Märkischen Eisenbahn eröffnet

Erster Potsdamer Bahnhof abgebrochen

1871 Berlin-Lehrter Eisenbahn, Lehrter Bahnhof eröffnet

Nördlicher und östlicher Teil der Ringbahn eröffnet, Betrieb auf der Verbindungsbahn eingestellt

1872 Eröffnung des neuen Empfangsgebäudes des Potsdamer Bahnhofs

1874 Dresdener Bahnhof eingeweiht

Kopfbahnhof der Militärbahn eingeweiht

1875 Berlin-Dresdener Eisenbahn eröffnet

1876 Zweiter Stettiner Bahnhof eröffnet

1877 Nordbahn (Berlin-)Gesundbrunnen – Neubrandenburg und Nordbahnhof eröffnet

1879 Berlin-Wetzlarer Bahn eröffnet

1882 Stadtbahn eröffnet, Verkehr vom Ostbahnhof zum Schlesischen Bahnhof verlegt, Ostbahnhof stillgelegt

1880 Eröffnung des Anhalter Bahnhofs

1884 Übernahme des Zugverkehrs nach Hamburg auf dem Lehrter Bahnhof, Hamburger Bahnhof stillgelegt

Fernbahnsteig Zoologischer Garten in Betrieb genommen

1888 Reiseverkehr Berlin – Zossen der Militärbahn eröffnet

1914 Abstellanlagen für Reisezüge in Berlin-Rummelsburg in Betrieb genommen

1917 Plan Martin Mächlers, den Anhalter und Potsdamer Bahnhof durch eine neue Eisenbahnstation zu ersetzen, und eines neuen Centralbahnhof

1919 Militärbf Schöneberg geschlossen

1937 Erneuerung der Bahnhofshalle des Fernverkehrs im Schlesischen Bahnhof abgeschlossen

1940 Erweiterung des Bahnhofs Berlin Zoologischer Garten abgeschlossen

1943 Bahnhöfe beschädigt oder zerstört

1945 Fernverkehr auf dem Potsdamer Bahnhof eingestellt

1950 Schlesischer Bahnhof in Ostbahnhof umbenannt

1951 Reiseverkehr auf dem Görlitzer und Lehrter Bahnhof eingestellt

1952 Reiseverkehr auf dem Anhalter und dem Stettiner Bahnhof eingestellt

Fernverkehr auf dem Bahnhof Lichtenberg aufgenommen

1961 Mauerbau zwischen Westberlin, Ostberlin und dem Umland

1962 Bahnhof Zentralflughafen Berlin-Schönefeld für Fernverkehr eröffnet

1973 Berlin-Schöneweide für den Fernverkehr modernisiert

1982 Neubau des Bahnhofs Berlin-Lichtenberg in Betrieb genommen

1984 Neubau des Bahnhofs Flughafen Berlin-Schönefeld in Betrieb genommen

1987 Erster Bauabschnitt des neuen Ostbahnhofs fertiggestellt, umbenannt in Hauptbahnhof

1995 Baubeginn für den neuen Lehrter Bahnhof (Zentralbahnhof)

Die Dampflokomotiven 17 120 und 03 074 in den dreißiger Jahren mit dem FD 80 nach München auf der Anhalter Bahn bei Lichterfelde

3. Die Berline

Im Bezirk Mitte überquert die Stadtbahn den Kupfergraben. Der Steg
führt ins Pergamonmuseum

r S-Bahn

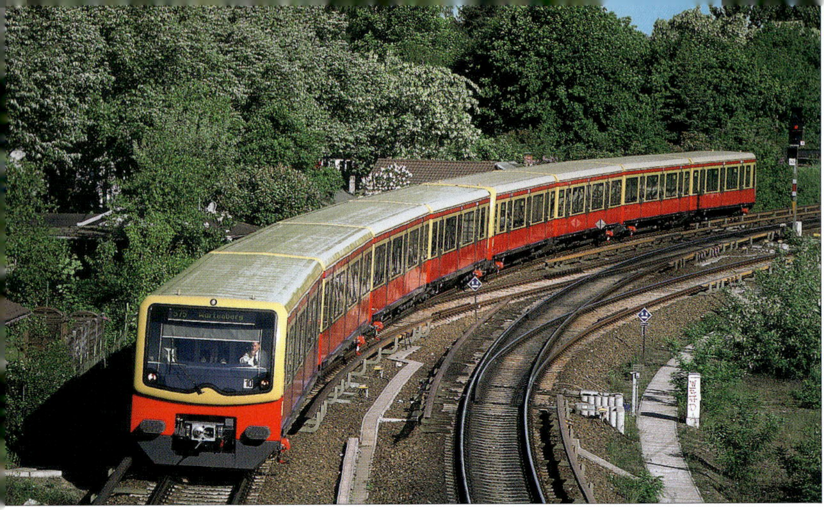

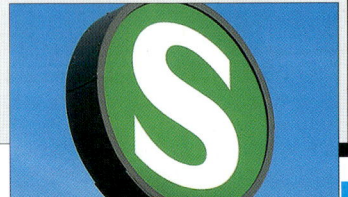

Fleißiger Nahverkehrsrenner: S-Bahn-Zug der Baureihe 481 in der Nähe des Olympia-stadions

Die Berliner S-Bahn

Wechselvolle Geschichte

INFO

Die S-Bahn heute

Mit der Wiedervereinigung der Stadt und der Entscheidung, Berlin wieder zur Hauptstadt und damit zum Sitz der Bundesregierung zu machen, begann auch für die Berliner S-Bahn eine neue Zeit: Sie sollte wieder zum Rückgrat des Personenverkehrs in der Stadt werden.

Der kontinuierliche Anstieg der Fahrgastzahlen von 246 Millionen vor fünf Jahren auf über 290 Millionen (2000), aber auch die Pünktlichkeitsquote von durchschnittlich 97,7 Prozent im Jahre 2000 – trotz der zahlreichen Baustellen im Netz – sprechen für den Erfolg der S-Bahn Berlin GmbH, einer Tochter der Deutschen Bahn.

Bereits 1911 lag der erste Plan für die Elektrifizierung der Berliner Stadt-, Ring- und Vorortbahn vor. Am 8. August 1924 begann der elektrische S-Bahn-Betrieb vom Stettiner Bahnhof nach Bernau (22,73 km). Kurz darauf wurde die Strecke Berlin-Gesundbrunnen – Birkenwerder – Oranienburg und Abzweig Berlin-Schönholz – Reinickendorf – Velten elektrifiziert. Elektrifiziert wurden auch die Vorortgleise auf der Stadtbahn 1928, am 11. Juni 1928 fuhren erstmals fünf Wagenzüge zwischen Erkner und Potsdam mit elektrischem Antrieb. Vollendet war die Elektrifizierung am 18. April 1929. Nur drei Jahre waren seit dem Entschluss vergangen!

Für die Berliner S-Bahn ist typisch:

- Stromart 800 Volt Gleichstrom, weil damit Kabelisolierungen einfacher und Schutzmaßnahmen für Hochspannung nicht erforderlich sind
- Schiebetüren statt Drehtüren nach dem Vorbild der Berliner U-Bahn
- Scharfenbergkupplung

• Stromschiene statt Fahrleitung, so wurde die Elektrifizierung einfacher
• Elektrische Bremssteuerung für eine gleichmäßige und schnelle Bremsbedienung
• Zweiklassensystem statt vier Klassen wie bei der Deutschen Reichsbahn (heute nur 2. Wagenklasse)
• Trennung nach Raucher und Nichtraucher (heute nur Nichtraucher)
• Bahnsteighöhe von 96 cm (sonst maximal 76 cm)
• Hauptsignale als Signalverbindung (seit den siebziger Jahren im Osten Hl-Signale, jetzt Kombinationssignale)
• Kurze Blockabstände, vor Bahnhöfen mitunter nur 85 m, so dass Zugabstände von 1,5 Minuten möglich sind
• Vom Hauptsignal abhängige mechanische Fahrsperre am Gleis („Streckenanschlag") und Fahrsperre am Triebwagen.

Als das Netz der S-Bahn nahezu vollständig war, sprach man vom „Hundekopf", und tatsächlich: Das gezeichnete Liniennetz sieht wie ein mit der Schnauze nach links gewandter Hundekopf aus!

Gerade die S-Bahn, die als die Berliner Stadtbezirke verbindendes leistungsfähiges Verkehrsmittel galt, stand stets inmitten der politischen Wendungen. Dazu gehörte die Währungsreform von 1948. Nun mussten Ostberliner bei Fahrten in die Westsektoren Rückfahrkarten mitnehmen, wollten sie nicht in die Währungsfalle tappen, denn in den Westsektoren konnte man keine S-Bahn-Karten mit Ostwährung kaufen, und der Geldumtausch verteuerte die Fahrt auf das Fünf- bis Sechsfache.

Die überraschenden Sperrmaßnahmen am 13. August 1961 führten zu einschneidenden Behinderungen besonders bei der S-Bahn, bei der Gleisanlagen zwischen Ost- und Westberlin aufgetrennt und der Zugbetrieb unterbrochen wurden (Ausnahme: Nord-Süd-Tunnel mit Bahnhof Friedrichstraße, der aber als Grenzbahnhof galt). Noch be-

So sah früher der Wagen 275 659 bei der Berliner S-Bahn aus: das Blau kennzeichnete die 2. Wagenklasse (entspricht heute der 1.), und es gab Raucher- und Nichtraucherabteile. Das Fahrzeug vom Baujahr 1928 ist detailgetreu rekonstruiert worden

S-Bahn-Generationentreffen in Berlin Hermannstraße

stimmte die Reichsbahn von Ostberlin aus über den S-Bahn-Betrieb in Westberlin, wie alle Eisenbahner in Westberlin zur Deutschen Reichsbahn gehörten (Ausnahme: Beamte bei den Dienststellen der Deutschen Bundesbahn). Doch die Westberliner wollten mit Fahrgeldern nicht die Teilung der Stadt bezahlen und boykottierten, soweit das ging, die S-Bahn (Losung: „Keine Mark für Ulbrichts Stacheldraht") und benutzten stattdessen die parallel zu den S-Bahn-Strecken eingerichtete Buslinien, wie auch neue U-Bahn-Linien in Betrieb gingen. In Westberlin sank das einst so beliebte Verkehrsmittel zur Bedeutungslosigkeit herab. Mehrere Strecken wurden von der Deutschen

Rechts: Die Berliner S-Bahn-"Netzspinne" kurz nach Beginn des Zweiten Weltkriegs

Reichsbahn stillgelegt, weil sie sich nicht mehr alle Strecken leisten wollte. Wurde von der Deutschen Reichsbahn die S-Bahn in Westberlin zunächst als Faustpfand oder Prestigeobjekt gefahren, betrugen die Einnahmen nur noch ein Bruchteil der Ausgaben. Ein Streik der Westberliner Eisenbahner im Jahre 1980 war für die DDR ein günstiger Anlass, einen großen Teil der defizitären S-Bahn-Strecken (und anderer Eisenbahnanlagen) stillzulegen. Schließlich trennte sie sich von der inzwischen auf 21,2 km geschrumpften S-Bahn in Westberlin und übergab sie am 30. Dezember 1981 an die (West-)Berliner Verkehrsbetriebe (BVG). Zu dem Zeitpunkt waren in Westberlin gerade noch 16,46 km Streckenlänge in Betrieb. Der Abschnitt Friedrichstraße – Lehrter Stadtbahnhof, der bis zum Bahnsteig dieses Bahnhofs zwar auf Ostberliner Gebiet lag, jedoch jenseits der Grenzkontrollstelle, war für die BVG tabu, hier fuhren DR-Eisenbahner die Züge und übergaben bzw. übernahmen sie

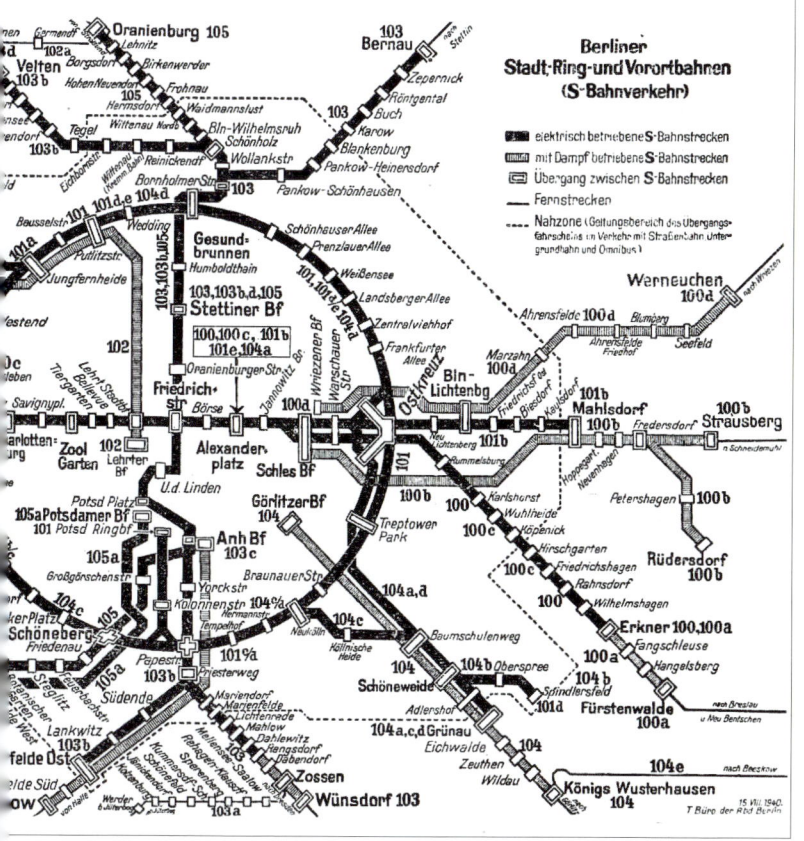

Das einstige „Herz" des Berliner Ostens war schon immer Verkehrsdrehscheibe: S-Bahn und Straßenbahn am Bahnhof Alexanderplatz

Die S-Bahn erreicht in Berlin (fast) jeden Winkel: Industriepanorama am Westhafen

im Lehrter Stadtbf. Offensichtlich sollte den BVG-Mitarbeitern, die als Besucher zum Bahnhof Friedrichstraße kommen durften, nicht regelmäßig und bei Tageslicht Einblicke in den Bahnhof mit seinem strengen Grenzregime gewährt werden (denn die unterirdische Strecke wurde von der BVG befahren).

Der Mauerfall im November 1989 stellte die S-Bahn in eine neue Situation. Nun wurde sie wieder in Westberlin benutzt und gebraucht. Das Netz musste geflickt werden.

Von größter Bedeutung wurde die Stadtbahnstrecke für den Besucherverkehr zwischen den zwei Welten, die es in Berlin ja noch gab. Am 2. Juli 1990 waren die Gleise im Bahnhof Friedrichstraße wieder verbunden, das lästige Umsteigen entfiel – schon vorher die Pass- und Zollkontrollen auf DDR-Seite. Seitdem wird sukzessive an der Vervollkommnung des S-Bahn-Netzes, wie es vor 1961 bestand, gearbeitet. Noch ist

es nicht vollständig. Die S-Bahn ist heute als „S-Bahn Berlin GmbH" eine Tochtergesellschaft der Deutschen Bahn, und sie wird moderner: Bis Ende 2002 wird die neue Betriebszentrale in Halensee eingerichtet sein, die die Funktionen der Stellwerke auf einen Standort konzentriert und das gesamte Streckennetz der Berliner S-Bahn vollelektronisch steuert. Die Zuglaufüberwachung benötigt eine Vielzahl von Zuginformationen.

Weil eine mechanische Fahrsperre solche Informationen vom Zug nicht aufnehmen kann, wird die für die Berliner S-Bahn typische mechanische Fahrsperre durch das „Zugbeeinflussungssystem S-Bahn" (ZBS) ersetzt. Versuche mit der elektronischen „Balise" laufen bereits zwischen Treptower Park und Hermannstraße. Die im Gleis montierte Balise nimmt elektrische Signale von der am Fahrzeugboden befestigten Antenne auf.

S-Bahnhof Gesundbrunnen;
Der Traditionszug 275 959 fährt gerade aus

„Berliner Typen": S-Bahn-Züge gestern + heute

Baureihe 169

Indienststellung	1924
beschaffte Halbzüge	17
Achsfolge	Bo´2´ + 2´ + 2´+ 2´+ B´2´
Stundenleistung	2 x 170 kW
Höchstgeschwindigkeit	80 km/h

Die Triebwagenzüge der Bauart „Bernau", bestehend aus schweren Triebwagen mit nur einem angetriebenen Drehgestell und kleinen, zweiachsigen Beiwagen, konnten die Erfordernisse des Stadt-Schnellverkehrs mit hoher Beschleunigung und raschem Fahrgastwechsel nicht erfüllen. Ein Halbzug bestand aus zwei 19,4 Meter langen Triebwagen und drei fest gekuppelten zweiachsigen Beiwagen mit eine Länge von je 9,8 Metern. Auf Grund der Größe der beiden Fahrmotoren mußte der Träger über dem angetriebenen Drehgestell gekröpft werden. Acht der nach dem Krieg noch vorhandenen Halbzüge wurden 1956 bis 1958 äußerlich und technisch der Baureihe 165 (Stadtbahn) angepaßt. Nach dem Rückgang des Verkehrsaufkommens infolge des Mauerbaus wurden die letzten Züge 1962 aus dem Verkehr gezogen.

Baureihe 475/875

Bezeichnung
    ex ET/ES und ET/EB 165
    von 1970 bis 1991: 275
Indienststellung   1927-33
beschaffte Viertelzüge   638
Achsfolge   Bo'Bo'+2'2'
Stundenleistung   360 kW
Höchstgeschwindigkeit   80 km/h

Beschafft wurden 638 Viertelzüge der Bauart 1927/30 („Stadtbahn") und 51 der Bauart 1932/1932a („Wannseebahn", ET/EB 165.8). Sie wurden nach den bei den Vorgängerfahrzeugen gesammelten Erfahrungen gebaut. So verfügten die Fahrzeuge über druckluftbetätigte Türschließvorrichtungen, eine Fahrsperre und haltautomatische Scharfenberg-Kupplungen. Während man an-

fangs die Viertelzüge fast ausschließlich nur mit Steuerwagen baute, wurden bei späteren Lieferungen auch reine Beiwagen (also ohne Führerstände) ausgeliefert. Infolge kriegbedingter Materialknappheit wurde der Großteil der Steuerwagen später in Beiwagen umgebaut. Mitte der 60er Jahre unterzog die DR die Züge einem Umbau für den Einmannbetrieb (EMB), bei dem die Führerstände vergrößert und jeweils zwei Frontscheinwerfer und zwei Schlußlampen unter Fortfall der Oberwagenlaternen eingebaut wurden.

Die Züge der Baureihe 475 sind am 21. Dezember 1997 aus dem planmäßigen Einsatz ausgeschieden. Die S-Bahn Berlin GmbH hat sich aus diesem Anlaß entschlossen, zwei Viertelzüge als historische Fahrzeuge aufzubewahren.

Baureihe 166

Indienststellung	1936
beschaffte Viertelzüge	34
Achsfolge	Bo´Bo´ + 2´2´
Stundenleistung	4 x 140 kW
Höchstgeschwindigkeit	80 km/h

Die „Olympiazüge" waren eine Weiterent-
wicklung der „Bankierzüge" und wurden
aus Anlaß der Olympischen Spiele in
Berlin 1936 beschafft. Die Olympiazüge
entsprachen konstruktiv weitgehend den
Bankierzügen, doch war ihre Höchstgeschwindigkeit auf 80 km/h festgelegt. Die
Züge erhielten eine 48-Volt-Beleuchtung
für die Signallampen und die Innenräu-
me, die von einem Umformer bzw. von
einer Batterie gespeist wurde. Hierdurch
konnte eine spezielle Notbeleuchtung
entfallen. Alle Wagen waren mit einer
selbstregelnden Heizung ausgestattet.

Ebenso wie die Triebwagen der Bauart
Bankier erhielten die Olympiazüge eine
Führerstandsaußentür für den Schaffner,
die aber nach dem Krieg ausgebaut wurde. Alle heute noch vorhandenen 18
Viertelzüge sind zwischen 1973 bis 1982
in die heutige Baureihe 477 umgebaut
worden. So blieb kein Viertelzug im Original erhalten.

Baureihe 170 - Musterzug

Indienststellung	1958
beschaffte Halbzüge	2
vorhanden	keine
Achsfolge	Bo´2´Bo´
Stundenleistung	2 x 150 kW
Höchstgeschwindigkeit	90 km/h

Der Waggonbau Ammendorf stellte 1958 den ersten Triebzug nach dem Krieg für die Berliner S-Bahn her. Mit seinem abgerundeten Führerstand, der unter dem Wagen verlaufenden Schürze und den großen Panoramascheiben hob sich dieser Zug äußerlich deutlich von allen seinen Vorgängern ab. Während die Triebwagen über vier Doppelschiebetüren verfügten, hatten die Beiwagen nur drei.

Ähnlich wie beim 1922 hergestellten Versuchszug F ruhten die Wagenkästen am Kurzkupplungsende auf einem gemeinsamen Jakobsdrehgestell. Durch Faltenbälge waren die beiden Halbzüge jeweils durchgehend begehbar.

Im Gegensatz zur modernen Fahrzeugform war die pneumatische Zugsteuerung von der Bauart Stadtbahn übernommen worden. Die Wagen verfügten über eine vollautomatische Druckbelüftung.

Die beiden Versuchszüge blieben vor dem Hintergrund des Mauerbaus und des danach gesunkenen Verkehrsaufkommens Einzelgänger. Sie standen nur kurz im Einsatz und wurden nach langer Abstellzeit 1974/75 verschrottet.

Baureihe 477/877

Bezeichnungex ET/EB und ET/ES 166, ET/EB und ET/ES 167	
ab 1970:	276.0 bzw. 277
ab Umbaujahr bis 1991:	277mod
Modernisierung	1973-82
modernisierte Vollzüge	204
Achsfolge	Bo'Bo'+2'2'
Stundenleistung	360 kW
Höchstgeschwindigkeit	80 km/h

Die Fahrzeuge der Baureihe 477/877 sind ab 1973 aus Viertelzügen unterschiedlicher Bauarten entstanden. Das Raw Schöneweide modernisierte sowohl ursprüngliche Bankiers- und Olympiazüge der Bauart 1934/36 als auch Züge der Bauart 1938/41, daneben sogar noch einige „Peenemünder" (ehemals Wagen der Wehrmachtsstrecke Peenemünde – Zinnowitz). Das Modernisierungsprogramm umfaßte bei allen diesen Zügen neben der Neugestaltung von Fahrgastraum, Führerstand und Stirnfront auch den Einbau neuer Dreh-

gestelle. Die acht als 477/877.6 eingereihten Viertelzüge haben einen Steuerwagen (ex „Peenemünde")

Baureihe 476/876

Bezeichnung ex ET/ES und ET/EB 165	
ab 1970:	275
ab Umbaujahr bis 1991:	276.1, 276.5
Modernisierung	1979-87
modernisierte Vollzüge	212
Achsfolge	Bo'Bo'+2'2'
Stundenleistung	360 kW
Höchstgeschwindigkeit	80 km/h

Ab 1979 ließ die Deutsche Reichsbahn Züge der damaligen Baureihe 275 (Bauart Stadtbahn) ein letztes Mal umfassend modernisieren. Die elektrische Ausrüstung wurde an die BR 277mod angeglichen, die Inneneinrichtung neu gestaltet und die Frontpartie im Zusammenhang mit dem Einbau neuer Führerstände erheblich verändert.

Baureihe 485/885

Bezeichnung	bis 1991: 270
Indienststellung	1979/80 (Baumuster),
	1987-92 (Serie)
beschaffte Viertelzüge	170
vorhandene Viertelzüge	166
Achsfolge	Bo'Bo'+2'2'
Stundenleistung	600 kW
Höchstgeschwindigkeit	90 km/h

Hier handelt es sich um die Neubaufahrzeuge der Deutschen Reichsbahn. Von der Lieferung des links abgebildeten, inzwischen ausgemusterten Baumuster-Vollzuges (1979/80) bis zur Serienreife vergingen wegen Kapazitätsengpässen beim Hersteller viele Jahre.
Die DR behielt das Beiwagen-Prinzip bei. Konstruktive Neuerungen waren u.a. die Aluminium-Leichtbauweise und die Verwendung eines Gleichstromstellers zur kontinuierlichen Veränderung der Fahrspannung und damit stufenlosen Steuerung der Motoren. 1987/88 wurde eine acht Viertelzüge umfassende Nullserie geliefert. Ab 1990 fertigten LEW Hennigsdorf bzw. AEG dann in mehreren Serien 158 Stück – sie verließen das Werk schon durchweg in der heute üblichen zinnoberrot/anthraziten Lackierung.

Eine Episode blieb der versuchsweise Einsatz des mit Dieselantrieb ausgerüsteten Halbzugs 485/885 114 und 115. Der Probebetrieb der „Duo-S-Bahn" (wahlweise Energie aus der Sromschiene oder dem dieselgetriebenen Generator) wurde nach einem Jahr Ende Mai 1995 beendet.

Baureihe 480

Indienststellung	1987-95
beschaffte Viertelzüge	85
vorhande Viertelzüge	84
Achsfolge	Bo'Bo'+Bo'Bo'
Stundenleistung	824 kW
Höchstgeschwindigkeit	100 km/h

Diese Baureihe wurde nach Übernahme der S-Bahnstrecken in Westberlin im Auftrag der BVG entwickelt. Gefördert vom Bundesforschungsminister, entstanden bei der Berliner Waggon Union sehr moderne Doppel-Triebwagen mit Drehstromantriebstechnik und mit in Microcomputertechnik ausgeführter Antriebssteuerung.

Anders als die bisherigen S-Bahn-Wagen verfügen die 480er nur noch über drei, allerdings breitere, Türen je Wagenseite.

Erst nach langjähriger Erprobung von vier Prototyp-Fahrzeugen begann 1990 die Serienfertigung von 41 Doppel-Triebwagen für die BVG. Weitere 40 wurden von 1993 bis 1995 durch die Deutsche Reichsbahn bzw. die DBAG beschafft; ein Doppel-Triebwagen ist inzwischen wegen Brandschadens ausgemustert worden.

Baureihe 481/482

Indienststellung	ab 1996
zu beschaffende Viertelzüge	500
Achsfolge	Bo´ 2´ + 2' Bo'
Stundenleistung	600 kW
Höchstgeschwindigkeit	100 km/h

Die neueste Fahrzeuggeneration der Berliner S-Bahn entstand auf Grundlage eines gemeinsamen Lastenheftes von DR und BVG, das bereits ab 1990 erarbeitet wurde. Unter anderem wurde bei diesen Zügen von einer Fußbodenhöhe von 96 cm ausgegangen (bisher 100 cm) was die komplette Neukonstruktion der unter dem Fahrzeugboden angeordneten Aggregate erforderte. Diese Baureihe besteht aus kurzgekuppelten Triebwagen, von denen nur die mit der Baureihenbezeichnung 481 über einen Führerstand verfügen. Bedingt u.a. durch eine Leichtbaukonstruktion aus Edelstahl konnte die Leistungsaufnahme gegenüber der BR 480 um 20% gemindert werden. Die Wagen des Viertelzuges sind durch einen Übergang verbunden. Die letzten 50 Viertelzüge sollen sogar als Halbzüge durchgängig begehbar sein.

Die ersten Züge wurden 1996 getestet. Die Serienlieferung begann 1997. Bestellt wurden 500 Viertelzüge für insgesamt 2,1 Mrd. DM bei dem heute zu Bombardier gehörenden Werken in Ammendorf und Hennigsdorf. Die Auslieferung soll 2004 abgeschlossen sein.

Ein Zug der Bauart Stadtbahn in
Lichterfelde West. Ende 1997
haben diese Klassiker ausgedient

S-Bahn-Vollring: Die große „Knutschtour"

Neben der Stadtbahn gehörte die Ringbahn wohl zu den markantesten Eisenbahnstrecken Berlins. Dabei schien ihr eigenes Ende im Westteil der Stadt fast besiegelt. Doch mit dem Fall der Mauer wuchs auch hier langsam wieder zusammen, was zusammengehört.

Mit dem Mauerbau war der Ring auseinandergebrochen, doch zum Torso verkümmerte

er erst 19 Jahre später. Ein Streik ihrer Westberliner Beschäftigten veranlaßte die Deutsche Reichsbahn im September 1980, auf dem Dreiviertelkreis zwischen Gesundbrunnen und Sonnenallee den S-Bahn-Verkehr einzustellen. Die Rechnung, der Senat werde mit Subventionen schon dafür sorgen, daß die hier bis zum Schluß sogar einigermaßen besetzten Züge wieder in Fahrt kämen, ging nicht auf.

Zwar steckten die BVG-Busse auf der parallel verlaufenden Stadtautobahn im Stau, doch die Gleise rosteten vor sich hin. Das Bahngelände verwandelte sich teilweise in eine Grünoase, besonders am Gesundbrunnen, auf dem früher belebtesten Bahnhof des westlichen Rings. „An der Plumpe" – wie die Alteingesessenen die Bahnhofsgegend bis heute nennen – traf die Streckenstillegung auch

Ein Vollzug der Reihe 165 ist im Frühjahr 1943 auf dem westlichen Ring zwischen Westkreuz und Witzleben unterwegs und passiert dabei den Funkturm

die Geschäftswelt hart. Mit den Kunden verschwanden nach und nach auch zahlreiche Kioske und Geschäfte.

Der Ring verband ja ideal für Berlin so typische Stadtteile wie Neukölln, Tempelhof, Schöneberg, Wilmersdorf, Moabit, Wedding, Prenzlauer Berg und Friedrichshain miteinander. Wer mit der S-Bahn reiste – wohlgemerkt reiste! -, lernte das Stadtbild in seinen unterschiedlichsten Facetten kennen: Fabriken und Gewerbehöfe, graue Mietskasernen und vornehme Bürgerhäuser, belebte Einkaufsstraßen und Schiffahrtskanäle, Speditionsgelände und Güterbahnhöfe zuhauf.

In mancher Hinterhauswohnung rumpelte die S-Bahn sozusagen fast durch die Küche, verrußten Güterzuglokomotiven die Fensterscheiben. Zwischen den Stationen Schönhauser Allee und Prenzlauer Allee sind Reste des Berliner Hinterhofmilieus entlang der Ringbahn bis heute erhalten. Übrigens: Vielleicht am gekonntesten in Szene gesetzt im längst zum Kultfilm gewordenen DEFA-Streifen „Solo Sunny". Beim Blick aus dem Küchenfenster: Tief unten in der Häuserschlucht polternde S-Bahnen und hechelnde 52er im ersten Morgenlicht. In Wilmersdorf und Charlottenburg dagegen brodelt unmittelbar am sogenannten S-Bahngraben seit den fünfziger Jahren der Autoverkehr. Ungleich brutaler als der Schienenstrang zerschneidet dort eine sechsspurige Autobahn die City.

Wenigstens rollen auch in dieser geschundenen Stadtlandschaft seit 17. Dezember 1993 wieder die Gleichstromzüge, und der Vollring ist im Werden – langsam zwar, aber immerhin...

Blenden wir an dieser Stelle zurück. Unsere Altvorderen schufen die „Neue Verbindungsbahn" respektive „Berliner Ringbahn" binnen Zehnjahresfrist. 1867 in Angriff genommen, wurde das rund

INFO

Ringsherum

Ab dem 16. Juni 2002 kann mit Schließung der letzten Lücke zwischen Westhafen und Gesundbrunnen der 37 km lange Berliner S-Bahn-Ring wieder durchgehend befahren werden. Mit der nach 41 Jahren wieder komplettierten Ringbahn verändern sich seit Jahrzehnten gewachsene Fahrgewohnheiten und werden die Fahrzeiten erheblich verkürzt.

Die S-Bahn Berlin simulierte und testete im Vorfeld verschiedene Modelle der Betriebsführung, dabei stellte sich heraus, dass bei einer Fahrzeit von 63 Minuten wegen Taktverschiebungen ein endloser Ringbetrieb nicht sinnvoll ist. Man hat sich seitens des Verkehrsunternehmens deshalb für einen Betrieb entschieden, bei dem die Züge von den südöstlichen Zulaufstrecken (Königs Wusterhausen/Spindlersfeld) den Ring erreichen und nach eineinhalb Umrundungen enden oder den Ring an anderer Stelle verlassen. Die Fahrzielanzeiger an Bahnsteigen und Zügen haben klar nachvollziehbare Fahrtwege, damit niemand vor Erreichen seines Ziels noch ungewollt eine Umrundung Berlins einlegen muss.

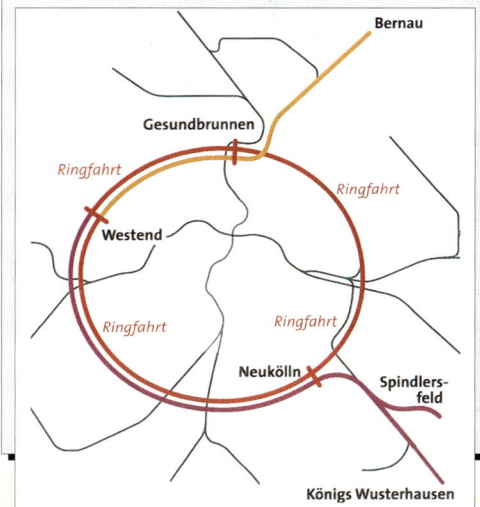

Der „Ostring" bildete während der Teilung Berlins die Nord-Süd-Achse im östlichen Netz. – Ein Zug der Bauart „Stadtbahn" ist hier am 13. Mai 1992 in der Nähe des Bahnhofes Schönhauser Allee unterwegs

25 km lange Teilstück Moabit – Stralau – Schöneberg am 17. Juli 1871 eröffnet. Zum 37 km langen Ring schloß sich die Strecke im November 1877, als der Betrieb zwischen Schöneberg und Moabit über Charlottenburg begann. Zu dieser Zeit lagen die Gleise oft noch weitab der Stadtgrenze von Berlin und

berührten ländliche Gemeinden wie Wilmersdorf, Schöneberg, Rixdorf (Neukölln) oder Weißensee – die heute längst Berliner Stadtbezirke sind.

„Neue Verbindungsbahn", so hieß der zuerst fertiggestellte Abschnitt des Rings deshalb, weil er acht radial nach Berlin führende Fernstrecken mitein-

ander verknüpfte. Die auf Straßenniveau bereits 1850/51 verlegte „Alte Verbindungsbahn" konnte mit Eröffnung der neuen weitgehend stillgelegt werden. Ganz zu Anfang ratterten nur Güterzüge über den Ring. Der 1872 aufgenommene bescheidene Personenzugverkehr nahm gewaltig zu, als im Oktober

1881 die „Südring-Spitzkehre" zum Potsdamer Bahnhof im Herzen der Metropole in Betrieb ging. Die ein halbes Jahr später eröffnete Stadtbahn mit ihren Verbindungskurven ermöglichte die Einrichtung sogenannter Halbringzüge, die über Stadtbahn und Nordring bzw. Südring dampften.

Zwischen 1880 und 1910 wurde der zunächst nur ein- oder zweigleisige Ring nach und nach auf vier Gleise ausgebaut. Ein Gleispaar diente dem Personen-, das andere dem Güterverkehr. Ab 1928 stellte die Deutsche Reichsbahn-Gesellschaft den Personenverkehr auf dem Ring schrittweise auf elektrischen Betrieb um. Die damals so genannte „Große Elektrisierung" des S-Bahn-Rings und der Stadtbahn inklusive der Südring-Spitzkehre konnte ein Jahr darauf abgeschlossen werden. Bis zum Mai 1929 hatten die rotgelben elektrischen Triebwagen die Dampfzüge endgültig vom Ring verdrängt.

Täglich fuhren sie im Zehn-Minuten-Takt über den Vollring, machten aber ebenso wie die bisherigen Dampfzüge noch im Potsdamer Ringbahnhof Kopf. Dies änderte sich erst gegen Ende 1943 (nach schweren Bombenangriffen im November). Die Vollringzüge nahmen fortan den direkten Weg zwischen Schöneberg und Papestraße, wie es zuvor nur „Verstärkerzüge" getan hatten.

Mitte der dreißiger Jahre begann der Umbau der Ring-

bahn zur Fernverkehrs-Magistrale – Teil der in nationalsozialistischem Größenwahn entworfenen „Welthauptstadt Germania". Die Fernzüge sollten künftig über vier Bahnhöfe in den Bereichen Wedding, Ostkreuz, Papestraße und Westkreuz geleitet werden. Doch die Arbeiten kamen schon bald zum Erliegen. Alliierte Luftangriffe und der „Endkampf um die Reichshauptstadt" legten nunmehr die Ringbahn Stück für Stück in Schutt und Asche.

1945 lagen die Bahnhöfe Gesundbrunnen, Beusselstraße, Halensee, Treptower Park und Landsberger Allee in Trümmern. Auch andere Stationen hatten beschädigte Dächer und kaputte Mauern. Oft waren die Schienen durch gesprengte Brücken unterbrochen worden. Die Gleise der schon 1944 nach Bombenschäden stillgelegten „Nordkurve" Charlottenburg – Witzleben – Westend wurden nach Kriegsende kurzerhand demontiert. Die Bahnhöfe am Potsdamer Platz und an der Kolonnenstraße verschwanden ebenso wie die Südring-Spitzkehre in Schöneberg für immer vom Berliner Stadtplan.

Auf dem Ring kam die S-Bahn ab Juni 1945 wieder in Fahrt. Vorerst nur Stück für Stück im Pendelverkehr. Vom Februar 1946 an drehte sie erneut ihre Runden auf dem Vollring von Ostkreuz nach Ostkreuz. Doch die politische Teilung der Stadt und der „Kalte Krieg" machten auch vor der Ringbahn nicht halt.

So richtete die Reichsbahn in den fünfziger Jahren weitere, zum Teil ganz neue Zugläufe ein. Die Elektrifizierung der Gütergleise zwischen Pankow und Schönhauser Allee (sogenannte Stalinkurve) ermöglichte den Ostberlinern ab Dezember 1952 Fahrten von Blankenburg über Ostkreuz zur Warschauer Straße, ohne den im französischen Sektor gelegenen Bahnhof Gesundbrunnen zu berühren. Später richtete man an den Sektorengrenzen auf Ostberliner Gebiet sogenannte Kontrollbahnsteige ein, die aber nie in Betrieb gingen. Kurze Kontrollen an den davorliegenden Bahnhöfen waren bis zur Grenzschließung die Regel.

Mit dem Bau der Berliner Mauer am 13. August 1961 wurde die Ringbahn zwischen Gesundbrunnen und Schönhauser Allee sowie Sonnenallee und Treptower Park unterbrochen. Ebenso kappte man den Südringabzweig zwischen Köllnische Heide und Baumschulenweg. Dennoch behielt die Reichsbahn im Westteil das hergebrachte Fahrplanschema prinzipiell bei. Nur rollten die Züge jetzt auf einem Dreiviertelkreis zwischen Gesundbrunnen und Sonnenallee und über die Stadtbahn von Friedrichstraße über Charlottenburg, Halensee und den Südring nach Köllnische Heide. Bis zum Streik 1980.

Der „Ostring" bildete fortan die Nord-Süd-Achse im östlichen Netz: Durch den Neubau von Streckenabschnitten bzw. die Elektrifizierung der Ferngleise zwischen dem Karower Kreuz und Bergfelde nördlich Berlins erhielt der Oranienburger S-Bahn-Ast Ende 1961 Anschluß an die Strecke von Blankenburg über Schönhauser Allee zum Treptower Park.

Ab April 1997 wurde die Ringbahn im Westen um den Abschnitt Westend – Jungfernheide verlängert. Kurz vor Weihnachten des gleichen Jahres schloß sich auch die Südring-Lücke zwischen Neukölln und Treptower Park.

Die nächsten Eröffnungen waren Jungfernheide – Westhafen und Gesundbrunnen – Schönhauser Allee. Mit dem Lückenschluss zwischen Westhafen und Gesundbrunnen am 16. Juni 2002 ist der Ring wieder rundum geschlossen. Von der historischen Bausubstanz bleibt allerdings recht wenig übrig. Schon die Reaktivierung der Strecke Westend – Baumschulenweg kam einem weitgehenden Neubau auf vorhandener Trasse gleich. Neben neuen Bahn-

Zweimal Bahnhof Gesundbrunnen: Als „Biotop mit S-Bahn-Anschluß" im September 1992 un

steigen in Beusselstraße und Wedding entstand nun in Gesundbrunnen ein moderner Fern- und S-Bahnhof. Anders als früher kann dort künftig zwischen den S-Bahnlinien des Rings und der Nord-Süd-Bahn am gleichen Bahnsteig umgestiegen werden. Nach Fertigstellung des Nordkreuzes werden dort die S-Bahnstrecken aller Richtungen miteinander verknüpft. So können die Züge wahlweise vom westlichen oder östlichen Ring auf die Nordstrecken nach Hennigsdorf, Oranienburg und Bernau wechseln.

Das Warten auf die große „Knutschtour" hat jedenfalls endlich ein Ende! – Knutschtour? Nun, Liebespaare schätzten die Runden auf der Ringbahn einst sehr. Denn wenn ihnen knappe fünf Viertelstündchen nicht reichten, blieben sie einfach sitzen. Ganz so wird's allerdings nicht wieder sein: Ringsherum geht es jetzt nur mit Umsteigen…

Konrad Koschinski

s Großbaustelle „Nordkreuz" im Juli 1997

4. Mit der Eis durch Berlin

Funkturmblick südwärts: Ein ICE kreuzt die Ringbahn zwischen Westkreuz und Halensee (1994)

enbahn

In fünf Metern Höhe durch Berlin und über die Spree: Die Stadtbahn macht die Berlin-Durchfahrt zum besonderen Erlebnis: RegionalExpress im Bahnhof Friedrichstraße

Mit der Eisenbahn durch Berlin
Erlebnisziele mit Schienenanschluss

Die Stadtbahn

Zwischen 1871 und 1877 erhielt Berlin eine innerstädtische Ringbahn, es fehlte aber eine Ost-West-Verbindung zwischen dem Schlesischen Bahnhof und dem Bahnhof Charlottenburg, die das Zentrum der Reichshauptstadt berührte. Die Streckenlänge betrüge nur 11 km, wenn die Verbindung in der Geraden läge. Jedoch waren Flächen auf dieser Linie schon bebaut, und Grundstücksspekulanten ließen die Preise für interessante Grundstücke nach oben gehen. Die aufgefüllten Flächen des alten Festungsgrabens, der vom Schlesischen Bahnhof bis zur Friedrichstraße führte, waren noch im Besitz der Stadt, so kam die 12,145 km lange Stadtbahn auf diese Fläche, allerdings auf einen Viadukt mit zwei Dammschüttungen, 5,3 m über dem Straßenniveau und meist in gekrümmter Lage, die teilweise nur Geschwindigkeiten bis 55 km/h zulässt. Finanziert wurde die Stadtbahn von d 56,7 Millionen Mark waren für die neue

Strecke veranschlagt, davon allein 33,3 Millionen Mark an Grundstückskosten. 1882 war die Verbindung für den Vorortverkehr fertig gestellt, zunächst mit zwei nur für den Personenverkehr vorgesehenen Streckengleisen. Verbunden wurden sie mit der Ringbahn und den Vorortstrecken nach Werder, Spandau und Erkner. Die drei Monate später fertig gestellten beiden südlich gelegenen Gleise gehören zur Fernbahn, die anderen dem Vorort-, später S-Bahn-Verkehr.

So blieb es bis in die Gegenwart. Acht Bahnhöfe an der Stadtbahn, nach betrieblichen Vorschriften mitunter nur Haltepunkte, erlauben, dass der Bahnreisende seine Ziele im Stadtzentrum schnell und bequem erreicht.

Wie notwendig die Querverbindung war, macht die Anzahl der Zugfahrten deutlich.

Kurz vor dem Ersten Weltkrieg befuhren im 3-Minuten-Abstand rund 950 Vorort-Züge täglich die Stadtbahn, gezogen von Dampflokomotiven! Vom Ostbahnhof bis Charlottenburg fährt die Eisenbahn auf dem 12,145 km langen und 5,3 m hohen Viadukt. Die Viaduktstrecke mit 52 Brücken und 610 Bögen (einst 731), die gern für Restaurants, Cafés oder schicke Läden gemietet werden, auch wenn es über der Decke oft rumpelt, hat den Vorteil des zum Straßenverkehr kreuzungsfreien Verlaufs. Die das Stadtbild prägende Viadukt-Bahn war die Erste in Europa. Als älteste Brücke des Stadtbahnviadukts gilt die Spreebrücke am Bahnhof Friedrichstraße, die 1882 aus sechs geniete-

Auf gleichem Niveau, doch getrennten Gleisen unterwegs: RegionalExpress und S-Bahn auf der Stadtbahn

Die Stadtbahnstrecke – auch als der „größte europäische Bahnhof" bezeichnet

ten Zweifachgelenkfachwerkbögen aus Schweißeisen gebaut wurde. Bei der Instandsetzung im Jahre 1997 konnten nur die vom Reichstag sichtbaren Bögen I und II mit einer einzigen Gleislage erhalten bleiben, die anderen Bögen, die mehrere Gleise tragen, mussten durch neue ersetzt werden.

Mit der Grundsanierung erhielt die Stadtbahn zwischen Ostbahnhof und Charlottenburg statt Schottergleisen die Feste Fahrbahn „Bauart Berlin", indem das Gleisjoch in Betonwannen kam und mit Beton ausgegossen wurde. Zudem wurde auf dieser Strecke eine einzige, 25 cm starke und 18 m breite, über den Viadukt hinausragende Stahlbetonplatte gegossen, die die 530 Viaduktbögen wie ein Dach schützt. Sie ist mit dem Dachgefälle von 1,5% von der Mitte nach den Außenseiten geneigt, so dass das Regenwasser gut ablaufen kann.

Auf den S- und U-Bahn-Linien sind
nicht alle Stationen eingezeichnet.

Auf der Stadtbahn mit den Betriebsstellen Ostbahnhof, Jannowitzbrücke (nur
S-Bahn), Alexanderplatz, Hackescher
Markt (nur S-Bahn), Friedrichstraße,
Lehrter Stadtbahnhof (nur S-Bahn; wird
abgebrochen), Lehrter Bahnhof (in
Bau), Bellevue (nur S-Bahn), Tiergarten
(nur S-Bahn), Zoologischer Garten, Savignyplatz (nur S-Bahn) und Charlottenburg fahren keine Güterzüge.
Eine Vielzahl historischer Bauten und
Sehenswürdigkeiten ist in der Nähe der
Stadtbahn zu finden und von ihr aus zu
sehen: der Alexanderplatz, der Fernsehturm, die Neue Synagoge, die Museumsinsel, die Humboldt-Universität, das
Empfangsgebäude des ehemaligen
Hamburger Bahnhofs, das Reichtagsgebäude (offiziell „Plenarbereich Reichstagsgebäude") mit der Foster-Kuppel,
das Bundeskanzleramt, die Baustelle für
den unterirdischen Zentralbahnhof, die
Siegessäule, die Kaiser-Wilhelm-Gedächtniskirche und das Theater des Westens.
Wer alte Stadtbahnhöfe sehen will,
muss die S-Bahn-Stationen Hackescher
Markt, Bellevue und, wenn es die Station noch gibt, Lehrter Stadtbahnhof aufsuchen. Diese drei Stationen sehen fast
noch so aus wie zu der Zeit der Stadtbahneröffnung.
Die anderen sind mehrmals umgebaut
und erneuert worden. An der Ausfahrt
vom Ostbahnhof in Richtung Westen ist
noch etwas zu entdecken. Die Hauswand eines derzeit leeren Gebäudes an
der Andreasstraße zeigt zur S-Bahn zu
das Relief der einstigen Firma „Julius
Pintsch". Das war die Firma, die der Eisenbahn in ganz Deutschland u. a. die
Einrichtung zur Gasbeleuchtung in den
Personenwagen und die Heizkupplungen für die Dampfheizung lieferte.

Berlin Alexanderplatz: Der rechte Bahnsteig ist den Regionalzügen vorbehalten, dort fahren auch die Züge des Fernverkehrs durch

Berlin Alexanderplatz:

Der Alexanderplatz ist eines der beiden Stadtzentren in Berlin, auf die die Verkehrsschilder weisen. Seine Bezeichnung verdankt er dem Besuch des russischen Zaren Alexander I. im Jahre 1805. Einst ein verkehrsreicher Knotenpunkt im Osten Berlins, musste er schon manchen Umbau über sich ergehen lassen, und ein Ende ist nicht abzusehen, denn neue Pläne widmen ihm eine Konzentration von Hochhäusern, mehr als am Potsdamer Platz. Wo mehrere Straßenbahnlinien kreuzten, verlegten DDR-Architekten Straßen und Fußgängerwege unter die Erde. Unterirdisch verlaufen hier auch drei U-Bahn-Linien. Oben sollte ein freier Platz für Volksfeste und wohl auch Kundgebungen bleiben.

Die denkwürdigste fand hier am 4. November 1989, kurz vor dem Mauerfall statt, als Hunderttausende sich vom DDR-Regime abwandten.

Die Umgestaltung in den 60er/70er Jahren verhinderte nicht, dass der Platz eintönig wurde, dem abzuhelfen gelang auch nicht mit der Weltzeituhr, dem 123 m hohen Hotelgebäude, einem Warenhaus und dem bunten Womacka-Brunnen. Mit der neuen Platzgestaltung, und dazu gehören mehrere Hochhäuser, versprechen die Architekten einen attraktiven Ort zu gestalten. Nicht jeder glaubt das. Seit dem 18. Dezember 1998 fährt wieder die Straßenbahn über den Platz – in Schrittgeschwindigkeit, weil der Gleiskörper sich nicht von der Fußgängerzone absetzt. Die DDR-Führung passte sie nicht auf den Kundgebungsplatz, sie musste zwischen Mollstraße und Hackeschen Markt den Platz weiträumig umfahren.

Einen Bahnhof erhielt der Alexanderplatz mit dem Bau der Stadtbahn im Jahre 1882. Er musste sich dem Viadukt anpassen und wurde am 7. Februar eröffnet. Die Bahnhofshalle fügte sich in die städtische Bebauung gut ein, denn bis weit in die letzten Kriegsjahre standen beiderseits des Bahnhofs hohe Gebäude. Der Bahnhof besaß zwei Gleise für den Fernverkehr und zwei für die Stadtbahn. Auf westlicher Seite lagen die Kehrgleise der S-Bahn und für die Zentralmarkthalle bis 1969 ein Anschlussgleis, dessen Lage heute am Widerlager der Brücke über die Rosa-Luxemburg-Straße nur noch für leute mit Kennerblick zu erkennen ist.

Mehrmals sind Bahnhof und Empfangsgebäude umgebaut worden, so 1926, 1932, nach den Kriegsbeschädigungen 1951 und 1964. Die neue Bahnhofshalle geriet gegenüber den Vorkriegshallen kürzer. In den Nachkriegsjahren büßte der Bahnhof seine Funktion als Station für Fernzüge ein, ein Gleis, das südliche, blieb durchfahrenden Schnellzügen zwischen Ostbahnhof und Friedrichstraße vorbehalten. Um dem tristen Eindruck im Zentrum der DDR-Hauptstadt abzuhelfen, kam es 1983 im Bahnhof zu Veränderungen, indem kleine Läden, Bierbars u. a. eingerichtet wurden. Dabei verlor der Dienstvorsteher (Leiter des Bahnhofs) sein großzügiges Dienstzimmer. Ebenfalls attraktiver sollte der Bahnhof bei der Umgestaltung 1995/96 werden, indem zu den Bahnsteigen mehr Aufzüge und Rolltreppen führten und im Untergeschoss eine Geschäftswelt entstand. Die Arkaden erhielten Torbögen aus Glas und so wurde das historische Detail des alten Mauerwerks sichtbar. Der westliche Bahnsteig ist nun mit zwei Gleisen für Züge des Regionalverkehrs und für

Die berühmte Weltzeituhr ist das Wahrzeichen des Alexanderplatzes

Die Stadtbahn im östlichen Stadtzentrum. Ganz oben (neben dem Schaft des Fernseh-turms) die Halle vom Bahnhof Alexanderplatz.

durchfahrende Züge eingerichtet worden. Die S-Bahn benutzt seit dem 24. Mai 1998 nur noch den Inselbahnsteig auf der nördlichen Seite unter der 160 m langen und 20 m hohen Halle. Mit Regionalzügen, S-Bahn, U-Bahn, Buslinien und Straßenbahn am Alexanderplatz ist der Bahnhof mit täglich 3000 Besuchern ein lebhafter Umsteigepunkt, jedoch gilt er auch wegen der zahlreichen Sehenswürdigkeiten, die sich in seiner Nähe befinden, als Ziel.

Berlin Hackescher Markt:

Hackescher Markt ist der dritte Namen

für den S-Bahn-Haltepunkt zwischen Alexanderplatz und Friedrichstraße. Bis 1992 hieß die S-Bahn-Station an der Spree und in Nähe der Museumsinsel „Marx-Engels-Platz" nach dem weiter entfernten Platz, der früher und heute wieder Schlossplatz heißt, und da die Berliner Börse in der Nähe war, hieß die S-Bahn-Station anfangs „Börse". Hier finden wir eine der besterhaltenen Stationen noch aus der Zeit von 1882. Ihr Mittelbahnsteig liegt auf dem Stadtbahnviadukt unter einer nur 8 m hohen Halle von 104 m Länge und 17 m Breite. Der Bahnsteig ist 200 m lang, ragt aus der

Die S-Bahn-Station Hackescher Markt

Halle heraus. Er wurde so 1926/28 verlängert. Von der Verlängerung aus lassen sich gut die Züge in Richtung Friedrichstraße beobachten, die zwischen Pergamon- und Bode-Museum hindurchfahren. Die Fernbahngleise führen außen an der Halle vorbei.

Das Gebäude hatte die Chance, vollständig im Original erhalten zu bleiben, denn es überstand den Krieg im Wesentlichen unbeschädigt.

Die Halle wirkte jedoch etwas düster, ihre gelben und roten Klinkersteine waren im Laufe der Zeit verschmutzt. Das durfte so nicht bleiben, als 1971 in Ostberlin die Weltjugend-Festspiele stattfanden. Beiderseits der Bahnsteige wurde die Halle mittels roter Plastplatten „verschönt", und dabei sind viele originale Ornamentziegel der farbigen Mosaiken für die Befestigung des hässlichen Belags abgeschlagen worden. Darauf kamen Großfotos vom Kampf der Arbeiterklasse. Den Namen „Marx-Engels-Platz" hatte die S-Bahn-Station bereits 1951 erhalten, schließlich gab es in der sozialistischen DDR weder Aktien noch eine Börse. Ihr Gebäude war im Krieg zerstört worden, ein Nachfolger stand nun in Westberlin.

Am 31. Mai 1992 erhielten Platz und S-Bahn-Station die Bezeichnung „Hackescher Markt". Während der Stadtbahnsanierung blieb die Station 1994/96 für Züge in einer Richtung geschlossen. Das wurde als Gelegenheit genutzt, das gesamte Gebäude zu sanieren. Die üble Plastverkleidung wurde entfernt, die farbigen Klinker gereinigt, beschädigte durch originalgetreu neu gebrannte ersetzt. Das dunkle Hallendach ist mit Glas durchbrochen, so dass auf den einst immer finsteren Bahnsteig Tageslicht fällt, eine der wenigen Maßnahmen im Widerspruch zur Historie. Sonst gilt diese S-Bahn-Station als Schmuckstück.

An der S-Bahn-Station Hackescher Markt halten die ICE-Züge zwar nicht, dennoch bieten sich hier dem Eisenbahnfreund interessante Durchfahrten

Berlin Friedrichstraße:

In Betrieb ging der Bahnhof Friedrichstraße 1882 als Fern- und Stadtbahnhof mit der Einweihung der Stadtbahn, und schon 1913 begann der Umbau, der – bedingt durch Unterbrechungen wegen des Krieges – erst 1925 endete. Die S-Bahn erhielt 1923 einen neuen Bahnsteig, der mittlere diente fortan den Fernzügen als zusätzlicher Perron zum südlichen. Zu einem unterirdischen Bahnsteig an einer neuen Verbindung zwischen Anhalter und Stettiner Bahnhof kam es noch nicht. Erneuert wurden die beiden bisherigen Bahnsteige, der neue S-Bahnsteig erhielt eine 19 m breite Halle. In dieser Form ist der Bahnhof auch heute zu sehen. Den unterirdischen Bahnsteig der U-Bahn gibt es seit 1923. Ebenfalls unterirdisch be-

Der Bahnhof Berlin Friedrichstraße, von der Friedrichstraße aus gesehen: Links um die Jahrhundertwende, oben im heutigen Zustand

kam der Bahnhof einen weiteren S-Bahnsteig im Jahre 1936, von Richard Brademann entworfen. Er gehört zur Nord-Süd-Bahn, die zwischen Stettiner Bahnhof und Unter den Linden zu den Olympischen Spielen im Juli 1936 zur Hälfte fertig gestellt wurde. Bei der offenen Bauweise musste der Bahnhof Friedrichstraße mit einer besonderen Konstruktion abgestützt werden. Nach der Inbetriebnahme der neuen Strecke wurde der Bahnhof zum besonderen Umsteigepunkt mit zahlreichen Zu- und Abgängen.

Mit der Abriegelung der Westsektoren wurde das Bauwerk zum Grenzbahnhof mitten in der Stadt. Die zwei Bahnsteige zur Nordseite waren der S-Bahn vorbehalten, der nördliche nur für die Ost-berliner, der mittlere für die Fahrten von und nach Westberlin, abgetrennt hinter den Grenzsperren. Die S-Bahn-Züge des öffentlichen Verkehrs endeten an diesem Bahnsteig. Ebenso lag der nunmehr für den Fernverkehr einzige Bahnsteig an der Südseite innerhalb des Kontrollbereichs, für Ostberliner ohne Genehmigung nicht mehr zugänglich. Zwischen den „Ost"- und „West"-Bahnsteigen versperrten Bleche zwischen den Hallenträgern die Sicht, sie machten es unmöglich, zwischen den Bahnsteigen zu wechseln, ohne durch das „Kontrollterritorium" zu gehen. An der Brücke auf der südlichen Seite waren Sichtblenden befestigt, die den an sich fast unmöglichen Zugang noch erschweren sollten. Zusätzlich standen zwei mit

Ansicht des Bahnhofes Friedrichstraße von Westen, 1996

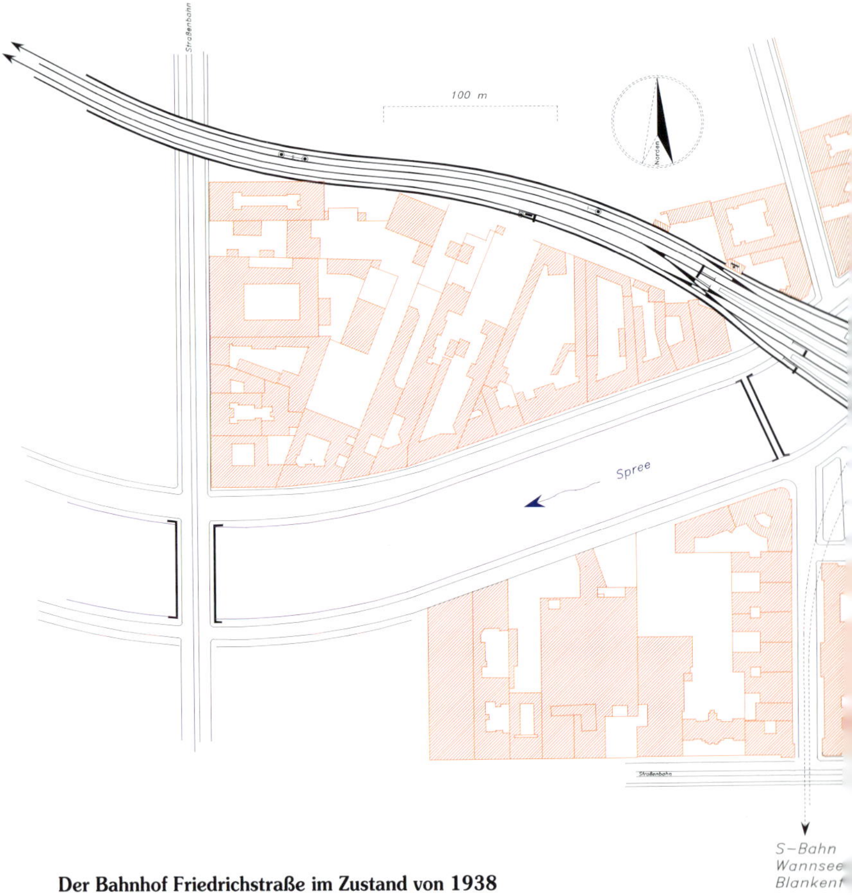

100 m

Straßenbahn

Norden

Spree

Straßenbahn

S−Bahn
Wannsee
Blankenf

Der Bahnhof Friedrichstraße im Zustand von 1938

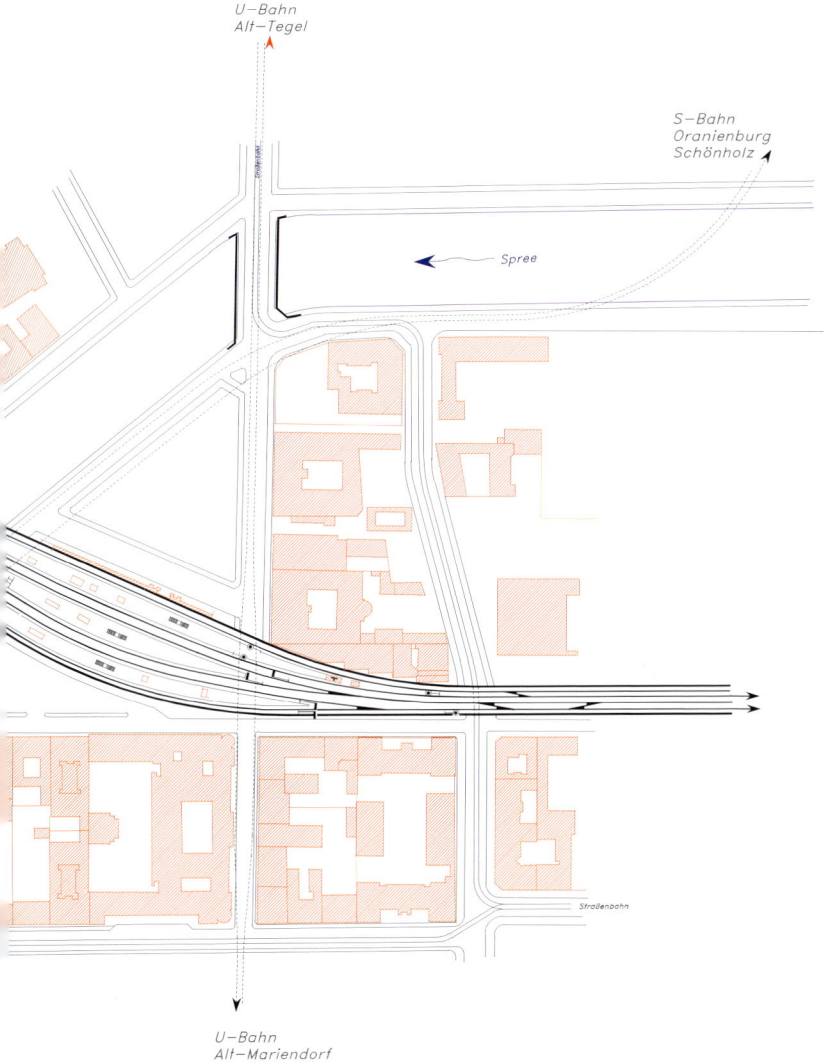

U—Bahn
Alt—Tegel

S—Bahn
Oranienburg
Schönholz

Spree

Straßenbahn

U—Bahn
Alt—Mariendorf

Berlin Friedrichstraße: Wo die kräftigen Träger stehen, war einst die Welt abgeteilt, denn Blechwände verdeckten die Sicht auf den anderen Teil des bewachten Bahnhofs

bewaffneten Grenzsoldaten besetzte Wachtürme auf dem Bahnhof. Unter den westlichen Hallenbogen patrouillierten Grenzsoldaten, die jeden unkontrollierten Grenzwechsel in dem zweigeteilten Bahnhof zu verhindern hatten. Dabei zog sich die Grenzlinie zwischen Ost- und Westberlin nicht durch diesen Bahnhof, die Linie lag 1200 m entfernt am westlichen Spreeufer unmittelbar vor dem Lehrter Stadtbahnhof.

Auch die Zugänge zu den Bahnsteigen der Nord-Süd-Bahn-Verbindung und zur U-Bahn waren hermetisch abgeriegelt. Ein System von Kontrollplätzen, Türen und Gängen machte 1961 den innerstädtischen Umsteigebahnhof zum Labyrinth und zugleich zum streng kontrollierten Personenübergang zwischen Ost- und Westberlin. Während innerhalb des Bahnhofs Friedrichstraße die Kontrollplätze für die Einreisen nach Ostberlin lagen, war der Kontrollraum zur Ausreise in einem 1961 gebauten Pavillon auf dem Platz der Nordseite untergebracht. Reisende in den Westen mussten vor dem Pavillon verabschiedet werden, denn die Vorkontrolle hinter den Eingangstüren erlaubte Personen ohne Ausreisegenehmigung nicht den Zugang. So wurde die vom Empfangsgebäude nur

über einen unterirdischen Zugang verbundene Ausreisehalle als „Tränenpalast" bekannt. Ihn gibt es als selbständiges Veranstaltungsgebäude heute noch. Den Charakter als Grenzbahnhof erhielt Friedrichstraße nicht erst 1961. Reisende der S-Bahn-Züge wurden schon vorher kontrolliert, hauptsächlich nach Waren, die sie nicht nach Westberlin mitnehmen durften. Dafür hatte man 1953 den Fernbahnsteig B für die S-Bahn-Züge in Richtung Osten eingerichtet, so dass für die S-Bahn-Züge in beiden Richtungen genügend Kontrollzeit blieb. Auf zwei Bahnsteigen wurden in den Jahren 1951 und 1955 Kommandotürme errichtet. Die Unterbrechung des S-Bahn-Verkehrs endete hier am 2. Juli 1990. Für 220 Millionen Mark ließ die Deutsche Bahn von 1995 bis 1999 den Bahnhof umbauen und im Empfangsgebäude mit einer Einkaufspassage ergänzen. An den Bahnsteigen, wo einst die Züge DDR/BRD abfuhren oder ankamen, halten jetzt die RE- und RB-Züge, die Züge des Fernverkehrs fahren durch. Das Empfangsgebäude zeigt nahezu das Bild der Vorkriegszeit, die zweischiffige Bahnsteighalle erhielt viel Glas, so dass auf die Bahnsteige das Tageslicht gut durchkommt.

Die Konzernzentrale der
DB AG liegt direkt
am Potsdamer Platz

Mitten im Herzen der Stadt: Ein ICE-T kommt vom Bahnhof Zoo

Berlin Bellevue:

Das Gebäude mit Hallendach erinnert noch mehr an den Ursprung der Berliner S-Bahn als die Station Hackescher Markt.

Ebenso auf dem Stadtbahn-Viadukt und mit Mittelbahnsteig, der für die elektrischen Züge auf 160 m in Richtung Westen verlängert wurde, besitzt die Station eine 93 m lange und 17,75 m breite Halle. 1994/96 wurde die Stati-on instand gesetzt, so dass Ornamente und Rosetten in der Wandzone wieder sichtbar sind. Die Halle wird überspannt mit einer neuen Stahlkonstruktion, die durch einen Längsschnitt im First das Tageslicht auf den Bahnsteig fallen lässt.

An der S-Bahn-Station befindet sich der 20 ha große Park mit dem Schloss gleichen Namens, das Amtssitz des Bundespräsidenten ist.

Nord-Süd unterirdisch

Zur Nord-Süd-S-Bahn gehören die Stationen Nordbahnhof (ehemals Stettiner Bahnhof; unterirdischer Teil), Oranienburger Straße, Friedrichstraße, Unter den Linden, Potsdamer Platz, Anhalter Bahnhof (unterirdischer Teil).
Die Planung für die innerstädtische, zum Teil unterirdisch verlaufende und als Nord-Süd-S-Bahn benannte Strecke, begann schon 1907. Damit sollte die Verbindung zwischen den im Norden und im Süden gelegenen Fernbahnen als S-Bahn hergestellt werden. Der Plan lebte als Arbeitsbeschaffungsprogramm 1933 wieder auf. Die inzwischen beim Bau der U-Bahn-Strecken gewonnenen Erfahrungen mit der offenen Baugrube ließen sich gut nutzen. Da auf der Strecke keine Fernzüge fahren sollten, genügten als lichte Höhe 3,80 m und als lichte Breite 8,42 m, jedoch mussten mitunter tief unter bestehenden Gebäuden gegraben und nicht wenige Häuser abgetragen werden. Schwierig war auch die Unterquerung der Spree, des U-Bahn-Tunnels und des Bahnhofs

INFO

Der erste Verkehrstunnel

Für Berlin gilt 1902 als das Geburtsjahr der Untergrundbahn. Ganz stimmt das nicht. bereits im Jahre 1899 fuhr eine elektrische Bahn im Untergrund, war jedoch eine Straßenbahn. Seinerzeit traute die Öffentlichkeit den Vorschlägen der Firmen nicht, Bahnen unterirdisch fahren zu lassen, weil – so die verbreitete Meinung – der in Berlin allgegenwärtige Schwemmsand stabile Tunnel nicht zulasse. Die „Gesellschaft zum Bau von Untergrundbahnen" baute, um einen Beweis für ihre Angebote zu liefern, im „Schildvortriebverfahren" einen Tunnel unter der Spree zwischen Alt-Stralau nach Treptow.

Am 18. Dezember 1899 fuhr erstmals die Straßenbahn vom Schlesischen Bahnhof nach Alt-Stralau. 1932 stellte man den Straßenbahnverkehr ein, der Tunnel blieb für die Fußgänger erhalten. Nach einem Bombentreffer am 3. Februar 1945 soff der Tunnel ab, die Eingänge wurden erst 1968 zugeschüttet.

Unter dem Potsdamer Platz verläuft die Nord-Süd-S-Bahn

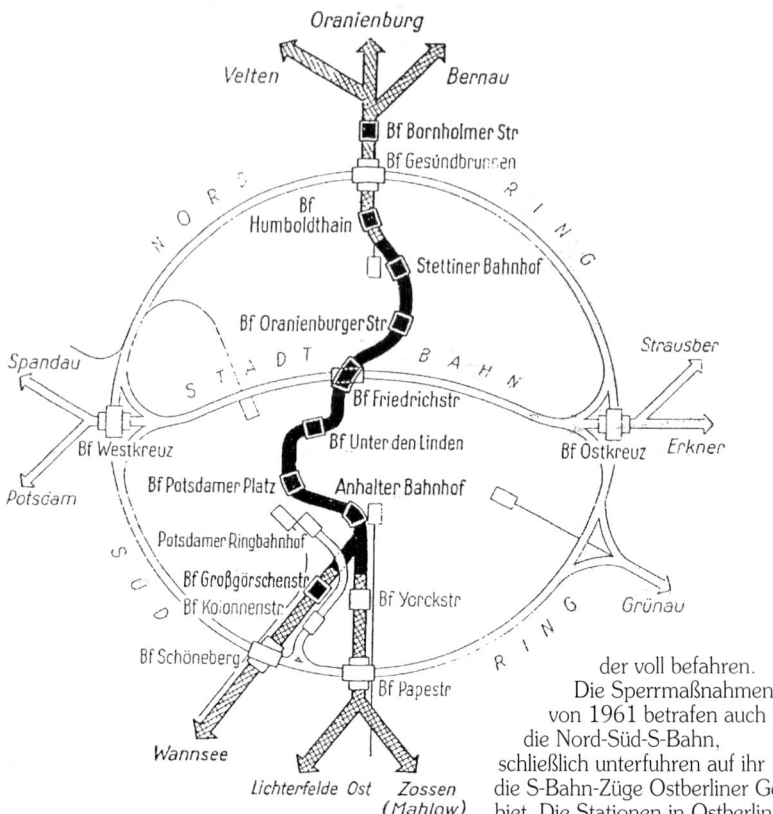

Oranienburg
Velten   Bernau
Bf Bornholmer Str
Bf Gesundbrunnen
Bf Humboldthain
N O R D   R I N G
Stettiner Bahnhof
Bf Oranienburger Str
S T A D T   B A H N
Spandau
Strausber
Bf Friedrichstr
S
Bf Unter den Linden
Bf Westkreuz   Bf Ostkreuz   Erkner
Potsdam
Bf Potsdamer Platz   Anhalter Bahnhof
Potsdamer Ringbahnhof
S
U
D
Bf Großgörschenstr
Bf Kolonnenstr   Bf Yorckstr
Grünau
Bf Schöneberg
R   I N G
Bf Papestr
Wannsee
Lichterfelde Ost   Zossen
(Mahlow)

Die Nord-Süd-Bahn (Zustand 1939)

Friedrichstraße. Bei einem Einsturz zwischen Brandenburger Tor und Potsdamer Platz am 20. August 1935 verunglückten 19 Bauarbeiter tödlich. Der Bau der Tunnelstrecke begann am Stettiner Bahnhof. Nach knapp sechs Jahren waren die Verbindung mitten durch die Stadt zwischen diesem Bahnhof und Mahlow sowie der Anschluss an die Wannseebahn hergestellt.
Um den Vormarsch sowjetischer Soldaten aufzuhalten, sprengten kurz vor Kriegsende am 2. Mai 1945 SS-Verbände die Unterfahrung unter dem Landwehrkanal, so dass der Tunnel absoff. Am 15. November 1947 ließ sich, nachdem der Tunnel geräumt und getrocknet war, die Gesamtstrecke wie-

der voll befahren.
Die Sperrmaßnahmen von 1961 betrafen auch die Nord-Süd-S-Bahn, schließlich unterfuhren auf ihr die S-Bahn-Züge Ostberliner Gebiet. Die Stationen in Ostberlin wurden mit Ausnahme von Friedrichstraße geschlossen und von bewaffneten Grenzern besetzt, die die Züge, die an den Bahnsteigen vorbeischlichen, beobachteten. Auf dem Bahnhof Friedrichstraße hielten die Züge, hier konnten die Fahrgäste zur U-Bahn, zur oberirdischen S-Bahn und zu den Fernzügen, soweit diese nach Westberlin fuhren, wechseln, die Ausgänge nach Ostberlin sowie die nach Osten verkehrende S-Bahn erreichte man nur mit einer Einreiseerlaubnis in die DDR und über eine strenge Pass- und Zollkontrolle. Mit dem Mauerfall 1989 war die Zeit der „Geisterstrecken" zu Ende. Vom 2. April 1991 bis 1. März 1992 wurde der Abschnitt Gesundbrunnen – Friedrichstraße für die Sanierung gesperrt, die insgesamt bis 1994 dauerte.

Reiseziele im Westen

Berlin Westkreuz:

Als S-Bahnhof ist Westkreuz eine einfache Station, anders als sein Pendant im Osten. In der unteren Ebene liegen zwei Inselbahnsteige für die Richtungen Berlin - Potsdam und Spandau. Die Strecke nach Spandau zweigt hier ab. Darüber als zweiter Kreuzbalken ein Bahnsteig für Züge des Südrings bzw. des künftigen Vollrings. Rolltreppen und Aufzüge – auch anders als beim Ostkreuz – erleichtern das Umsteigen. Von hier aus ist es nicht weit zum Internationalen Kongresszentrum (ICC), Funkturm oder Messegelände, deshalb hieß der Bahnhof zuerst bis 1932 „Ausstellung". Inzwischen gilt die Station Eich-

kamp als Messebahnhof, von ihr ist der Weg zu den Hallen kürzer. Die Westkreuz umschließenden Ferngleise bilden ein Knäuel von Schienenwegen. Da führt die zweigleisige Strecke vom Bahnhof Berlin Zoologischer Garten zum Bahnhof Berlin-Wannsee vorbei und berührt unmittelbar hinter Westkreuz den Bahnhof Grunewald. Auf einem Damm liegt in der Krümmung die zweigleisige Strecke nach Berlin-Spandau, über die die Züge nach Hamburg oder über die Hochgeschwindigkeitsstrecke fahren. Zudem gibt es die zweigleisige Verbindungen zum Bahnhof Westend oder nach Süden zum Bahnhof Halensee. Von Halensee zum Bahnhof Charlottenburg sind über eine Kurve die S-Bahn-Gleise verbunden, jedoch

S-Bahnhof Westkreuz: Ein Zug der Baureihe 477 fährt gerade aus

Ein Güterzug mit „Ludmilla" (Baureihe 232) passiert den Bahnhof Halensee (1998), Funkturm und ICC bestimmen die Kulisse

nicht für den öffentlichen Verkehr. Andere Kurven verbinden die Ferngleise miteinander oder führen in benachbarte Bahnhöfe, zum Beispiel von Halensee nach Grunewald. Westkreuz ist wie Ostkreuz ein reiner S-Bahnhof, es gab allerdings von 1994 bis 1997 einen Bahnsteig für Nahverkehrszüge nach Nauen. Das Empfangsgebäude stand mit Stellwerksturm in der Nord-West-Ecke. Untergrundprobleme neigten den Turm, so dass trotz versuchter Abhilfe (die Halle der Ringbahn wurde mit Hydraulik 60 cm gehoben) Empfangsgebäude und Stellwerksgebäude 1993 abgerissen werden mussten. Vom Bahnsteig aus ist wenig von den vielfältigen Gleislinien zu sehen, besser ist die Sicht von der Straßenbrücke auf die Gleise der unteren Ebene. Von der 126 m hohen Aussichtsplattform des Funkturms, einem Wahrzeichen Berlins, lassen sich die Eisenbahnanlagen hingegen gut betrachten.

In Bahnhofsnähe steht die Schaltwarte Halensee, Betriebszentrale der S-Bahn.

S-Bahnhof Witzleben am Vollring, davor liegen die von Güterzügen befahrenen Gleise von Moabit nach Grunewald

Berlin Olympiastadion:
In der Stadt und auch außerhalb gibt es mehrere Pferderennbahnen. Für die Rennbahnen im Grunewald und Karlshorst und außerhalb Berlins in Hoppegarten baute die Eisenbahn Bahnstationen, Rennbahnhöfe genannt. Aus einer solchen ist der Bahnhof Olympiastadion hervorgegangen, denn 1909 fand unter den Augen des Kaisers die erste Veranstaltung auf der Rennbahn Grunewald statt, gleichzeitig wurde der Bedarfs-Haltepunkt „Rennbahn" eröffnet. Von 1911 an, mit der Eröffnung der Strecke Heerstraße – Spandau hielten regelmäßig die Züge auf einem neuen „Durchgangsbahnsteig". Die Bezeichnung „Stadion – Rennbahn Grunewald" erhielt die Station im Jahre 1930 und fünf Jahre später den Namen „Reichssportfeld", denn für die Sportanlagen zu den XI. Olympischen Spielen der Neuzeit in Berlin war das Gelände aufgekauft worden.
Die S-Bahn-Station wurde für die Olympiade umgebaut, indem anstelle des alten hölzernen Empfangsgebäudes ein Langbau mit Pfeilern kam. Von dem Bahnhof fuhren während der Olympischen Spiele im August 1936 je Stunde 48.000 Fahrgäste, täglich 2 Millionen an und ab.
Für diesen gewaltigen Ansturm gab es zehn Bahnsteigkanten, die einfahrenden S-Bahn-Züge durften auf beiden Seiten verlassen werden. Seit 1960 trug die Station den neuen Namen „Olympiastadion", hieß doch die gesamte Sportanlage bereits seit 1950 so (auch der U-Bahnhof – zur Unterscheidung mit dem Zusatz „Ost").
Die großzügig angelegten Bahnsteige verkamen nach 1961, als die Westberliner wegen des Mauerbaus die von der DDR betriebene S-Bahn boykottierten; Sonderzüge lohnten sich nicht mehr.
Der übrige Zugverkehr nach Spandau wurde nach dem Streik der S-Bahner in Westberlin 1980 eingestellt. Nach der Wiedervereinigung wurde die S-Bahn-Strecke nach Spandau 1998 wieder in Betrieb genommen und auch der S-Bahnsteig der Station Olympiastation instand gesetzt. Für Sonderverkehre war zunächst ein einziger Bahnsteig renoviert worden. Im gleichen Jahr wurde jedoch an den übrigen Anlagen gearbeitet, so dass seit 1999 für den Sonderverkehr zehn Gleise mit Bahnsteigen zur Verfügung stehen, jedoch für jeden Zug nur mit einer Bahnsteigkante. Innerhalb einer Stunde können 40.000 Fahrgäste an- oder abreisen. Die Station gilt als einer der leistungsfähigsten Bahnhöfe Deutschlands. Wenn im Jahre 2006 die Fußballweltmeisterschaften stattfinden, könnte das erneuerte Olympiastadion eine Austragungsstätte werden. Die Deutsche Bahn schuf dafür schon 2001 die Möglichkeit, zwischen den Bahnhöfen Zoologischer Garten und Westkreuz im 90-Sekunden-Takt zu fahren.

Berlin Olympiastadion: Als „Durchgangsbahnsteig" wird jener bezeichnet, an dem die S-Bahn nach Berlin-Spandau einen Zwischenhalt einlegt. Die übrigen Bahnsteige sind den endenden Zügen bei Großveranstaltungen vorbehalten

Einem Burgtor ähnelt das Empfangsgebäude von Berlin-Grunewald aus dem Jahr 1899

Berlin-Grunewald:

Der Rangierbahnhof Grunewald war anfangs als Ortsgüterbahnhof eingerichtet und von dem aus zwei Lokomotivschuppen und 16 Ständen bestehenden Werkstättenbahnhof ergänzt worden. Für den Personenverkehr diente seit 1879 die Haltestelle Hundekehle (1884 in Grunewald umbenannt) und als S-Bahnhof seit 1928 mit einem der noblen Umgebung entsprechenden Empfangsgebäude. Mehrmals wurde der Rangierbahnhof erweitert und umgebaut, die Gleise nach Wannsee kamen an die Nordseite des Bahnhofs. Gleichzeitig diente Grunewald als Abstellbahnhof, verbunden mit dem Bahnhof Charlottenburg. Über 1 000 Wagen waren in Grunewald beheimatet. Villensiedlungen begrenzten den Bahnhof, immerhin gab es zu den mehr als 90 Gleisen noch das Bahnbetriebswerk und das Reichsbahnausbesserungswerk.

Schon seit 1923 sank die Bedeutung des Bahnhofs, indem der außerhalb Berlins gelegene Bahnhof Seddin Güterzugleistungen von Grunewald übernahm. Luftangriffe und die Explosion abgestellter Munitionszüge im Juni 1945 zerstörten die Bahnhofsanlagen. Gleise verschwanden mit der Demontage für die Reparationsleistungen. Die Abriegelung Westberlins führte zu weiteren Einbußen; Grunewald wurde immer mehr zum Abstellbahnhof, u. a. für britische und amerikanische Militärzüge. Die ersten ICE-Züge nach Berlin endeten im Bahnhof Berlin Zoologischer Garten und wurden nach Grunewald zurückgedrückt, weil nach Osten die Stadtbahn wegen Sanierungsarbeiten gesperrt war. Das Bahnbetriebswerk Grunewald wartete diese Züge, bis 1998 die Stadtbahn wieder in Betrieb ging und Züge nun überwiegend in Rummelsburg gewartet und abgestellt werden. Wenige fahren noch nach Grunewald.

Der Bahnhof Grunewald ist verbunden mit einem schlimmen Kapitel deutscher Geschichte. Von hier ließen Nazis mit 186 Zügen 56 000 jüdische Bürger in die Konzentrationslager deportieren, erstmals am 18. Oktober 1941. Daran erinnert seit 1998 eine Gedenkstätte am 140 m langen Gleis 17.

Nikolassee:

Das Empfangsgebäude Nikolassee zeigt wahrlich den Stolz der Bürger auf die Eisenbahn. Ziergiebel und Turm machen das bunte Bauwerk zum überraschenden Blickfang, denn es ähnelt einem Schloss. Der 1902 eröffnete S-Bahnhof hat zwei Bahnsteige in unterschiedlicher Höhe, unten von der Wannseebahn (von Zehlendorf), oben von der Wetzlaer Bahn (von Grunewald), die mit einem Tunnel verbunden sind. Den S-Bahnhof benutzen nicht nur die Bewohner des Ortsteils, von hier aus ist gut das Strandbad Wannsee zu erreichen, während der Nikolassee eine unzugängliche, flache „Pfütze" ist.

Ein Empfangsgebäude als Schloss: Die historische Station Nikolassee

Griebnitzsee:

In Vergessenheit geriet, dass in Griebnitzsee eine Strecke von Zehlendorf einmündete, die nicht über Wannsee führte, sondern auf geradem Weg über Dreilinden und sich „Stammbahn" nannte. Neue Pläne sehen vor, die Strecke bis zum Jahre 2005/06 wieder einzurichten. Von Nutzen wäre sie zum Beispiel für die Fahrgäste von Kleinmachnow, die wieder einen Anschluss an das Eisenbahnnetz erhielten und mit Regionalzügen in zwölf Minuten ins Stadtzentrum kämen. Bis 1980 fuhren S-Bahn-Züge ins nahe gelegene Düppel, das die Kleinmachnower seit 1961 nicht mehr erreichten, lag doch der Ort außerhalb Berlins, jenseits der Mauer. Zunächst sollte dem Bahnhof etwas Zeit gewidmet werden, der 1874 als Neu-Babelsberg an der Berlin-Potsdam-Magdeburger Eisenbahn eröffnet wurde. In seiner Nähe etablierte die Ufa ihre Filmstudios, so dass der Bahnhof 1938 den Namen „Babelsberg-Ufastadt" erhielt. In den Villen am Griebnitzsee wohnten viele Prominente oder waren hier zu Gast, so im Haus Karl Marx Straße 66 Heinz Rühmann, Marlene Dietrich, Hans Albers und in der Domstraße 28 Marika Rökk; einige Villen dienten im Sommer 1945 während der Potsdamer

Erinnerung an Deportation und Völkermord auf dem Bahnhof Berlin-Grunewald

Das Gleis 17 am Bahnhof Berlin-Grunewald als Gedenkstätte

Daten zum
Berliner Nahverkehr

18.2.1892: Eröffnung der U-Bahn zwischen Warschauer Brücke und Knie (heute Ernst-Reuter-Platz)

19.11.1905: Erste Motor-Omnibusse (zwischen Hallesches Tor und Chausseestraße)

21.6.1920: Letzter Pferde-Omnibus im Tagesverkehr

1.1.1929: Zusammenschluss der Gesellschaft für elektrische Hoch- und Untergrundbahnen in Berlin, der Allgemeinen Berliner Omnibus-Actien-Gesellschaft (ABOAG) und der Berliner Straßenbahn-Betriebs-GmbH zur Berliner Verkehrs-AG (BVG)

20.1.1937: Aufnahme des regelmäßigen Betriebes mit Stadtgas bei 23 umgebauten Doppeldeckomnibussen

1.1.1938: BVG wird als „Berliner Verkehrs-Betriebe (BVG)" Eigenbetrieb der Stadt Berlin

23.4.1945: Der gesamte innerstädtische Betrieb wird auf Grund von Kampfhandlungen eingestellt.

14.5.1945: U-Bahn-Betrieb wieder aufgenommen auf den Abschnitten Hermannplatz – Bergstraße (Karl-Marx-Straße) und Schönleinstraße – Boddinstraße

1.8.1949: Trennung der BVG in Ost- und Westbetriebe

16.1.1953: Straßenbahnverkehr zwischen Ost und West unterbrochen

13.8.1961: U-Bahn-Linien (1 und 2) zwischen Ostberlin und Westberlin unterbrochen, kein Halt der U 6 und U 8 in Ostberlin

1.1.1967: Alexanderplatz ohne Straßenbahn

2.10.1967: Keine Straßenbahn mehr in Westberlin

1.2.1973: O-Bus-Betrieb in Ostberlin wird eingestellt

6.4.1979: Erste Nachkriegs-Straßenbahn-Neubaustrecke (nach Marzahn)

Konferenz den Siegermächten als Residenz. Winston Chruchill und Clement R. Attlee wohnten in Virchowstr. 23, Harry S. Trumann in Karl-Marx-Straße 2 und Josef Stalin in Karl-Marx-Straße 27. Brademann entwarf das heute denkmalgeschützte Empfangsgebäude. Bis 1932 musste der Deutsche Pavillon von der 1873er Wiener Weltausstellung als Empfangsgebäude genügen. Den heutigen Namen erhielt der Bahnhof 1949, denn in der Ufastadt produzierte nun die DEFA.

Der Bahnhof Griebnitzsee war als Kontrollstation mit einem Wachturm auf dem Bahnsteig von 1961 bis 1990 wie eine Festung durch Mauern eingefasst und für die Öffentlichkeit unzugänglich. Hier übernahmen als Grenztruppen getarnte Stasi-Offiziere und Transportpolizisten die aus Westberlin kommenden Interzo-

Empfangsgebäude von Griebnitzsee, von hier a

nenzüge und verließen sie in der Gegenrichtung. Das uniformierte Kontrollper-
sonal kontrollierte bei der Durchfahrt
durch die DDR Ausweise, erteilte Visa
und hatte aufzupassen, dass keiner den
Zug verließ oder – noch schlimmer – ihn
bestieg, um so unerlaubt die DDR zu verlassen. Noch sind einige Reste der Befestigung aus dieser Zeit zu sehen.
Im von Brademann entworfenen und
nun stillgelegten Gleichrichterwerk ist
seit 1996 das Berliner S-Bahn-Museum
zu finden. Mitglieder des Berliner Fahr-
gastverbandes trugen hauptsächlich das
zusammen, was seit 1984 durch Stille-
gung und Modernisierung der S-Bahn-
Strecken in Westberlin scheinbar überflüssig wurde. Das Museum will die At-
mosphäre der Züge und Bahnhöfe ver-
mitteln und die Sammlung fortwährend
ergänzen.

INFO

Daten zum Berliner Nahverkehr

9.1.1984: Übernahme des S-Bahn-Betriebs in Westberlin durch die BVG (West)

1.7.1989: Verlängerung der U-Bahn-Linie 5 vom Elsterwerdaer Platz nach Hönow (6,7 km)

1.7.1990: U-Bahn-Züge der Linien U 6 und U 8 halten nach der „Wende" wieder auf allen Bahnhöfen

1.1.1992: Zusammenschluss von BVB (= Ost) und BVG (= West) als „Berliner Verkehrsbetriebe (BVG)"

26.5.1992: Mitteldurchfahrt des Brandenburger Tores wird für Omnibusse und Taxis geöffnet

...hrt der Weg an eine Seenlandschaft, die schon die Filmstars zu schätzen wussten

Die Außenfassade des Empfangsgebäudes zum Nordbahnhof

Reiseziele im Norden

Berlin Nordbahnhof:

Eine einfache Bezeichnung für eine unterirdische S-Bahn-Station des Nord-Süd-Tunnels, die seit 1950 den Namen „Berlin Nordbahnhof" trägt, weil der bisherige „Stettiner Bahnhof" politisch nicht mehr denkbar war, denn nichts sollte an einst deutsche Städte in Polen erinnern. Einen Nordbahnhof – allerdings nur für Güterverkehr – gab es aber schon, er wurde zur gleichen Zeit in „Berlin Eberswalder Straße" umbenannt. Hier an der Invalidenstraße, wo es einst recht lebhaft zuging, gab es den „Stettiner Bahnhof", von dem die Züge an die Ostsee abfuhren, so dass er den Berlinern auch als Ferienbahnhof galt. Von seinem Anbau fuhren 1924 die ersten elektrischen S-Bahn-Züge nach Bernau. Mit Inbetriebnahme des Nord-Süd-Tunnels verkehrten sie im Untergrund und endeten nicht mehr im Stettiner Bahnhof, der bis 1961 für die Ost-

ler beliebt war, denn hatte man es bis hierher geschafft, musste man nur den richtigen Ausgang wählen und man war in Westberlin. Im nördlichen Vorfeld kommen die Züge an die Oberfläche. Von 1961 an fuhren die S-Bahn-Züge hier durch, der Bahnhof war zum „Geisterbahnhof" geworden. Auf der Vorfeldfläche, von hohen Mauern eingefasst, mit Drahtzäunen durchzogen und bewacht, klapperte manchmal der Rangierbetrieb. Seit 1990 halten wieder die Züge der S-Bahn, er wurde während einer Betriebsunterbrechung renoviert. Dicht am Bahnhof hat die Berliner S-Bahn GmbH ihren Sitz. Früher war dort das für Westberlin zuständige Reichsbahnamt. 1842 fuhr der erste Zug vom Stettiner Bahnhof im Jahre ab. Ein prächtiges Empfangsgebäude wurde 1876 eingeweiht. Es überstand den Krieg mit Dachschäden und wurde 1962 abgetragen. Schon 1952 gab es den Personenverkehr nicht mehr.

Berlin-Gesundbrunnen:
Neuer Fernbahnhof wird Gesundbrunnen – wenn die Strecke vom Lehrter Bahnhof nach Norden in Betrieb geht. Hier wird dann viel zwischen den Zügen des Fern- und Nahverkehrs und der S-Bahn umgestiegen. Neu erhält der Bahnhof ein zweigeschossiges Empfangsgebäude über den sechs Fern- und Regiogleisen sowie über vier S-Bahn-Gleise, entworfen von Ingrid Hentschel und Axel Oestreich, das wie bei einem Kopfbahnhof quer zur Gleislage auf einer Brücke steht und dadurch für die Reisenden übersichtlich wirken soll. Außerdem gibt es hier noch den U-Bahnhof. Der alte Bahnhof Gesundbrunnen sah Personenverkehr seit 1872 mit der Inbetriebnahme der Ringbahn. 1897 besaß der Bahnhof drei Bahnsteige für die S-Bahn und den Vorortverkehr.

1961 begannen hier nur die Züge nach Sonnenallee, bis auch sie 1980 eingestellt wurden. So wurde aus dem einst belebten Bahnhof, der bis 1961 gern von Ostdeutschen für Einkäufe in der Badstraße aufgesucht wurde – schnell war man von der Schönhauser Allee im Osten nach Gesundbrunnen im Westen übergewechselt – bis 1984 ein toter Bahnhof.

Am Bahnhof Berlin-Gesundbrunnen wird noch gebaut (1999). Links das Einkaufszentrum, das den Bahnsteigen vorgelagert ist

Ein Zug der Baureihe 485 in der Kehranlage am Bahnhof Gesundbrunnen

Das Nordkreuz:

An einer gewaltigen Eisenbahnanlage wird seit 1992 gebaut. Dabei geht es nicht allein um den Wiederaufbau 1961 gekappter Verbindungen wie die Schließung des Vollrings. Das Nordkreuz soll den S-Bahn-Verkehr, den Regional- und den Fernverkehr so verbessern, wie es das an dieser Stelle noch nie gab. Fernzüge aus dem Norden werden über das Nordkreuz zum Stadtzentrum und nicht mehr zum Bahnhof Berlin-Lichtenberg fahren. Die S-Bahn-Strecken von Gesundbrunnen und von der Schönhauser Allee nach Norden, die zwischen 1961 und 1990 mit Grenzzäunen und Mauer in einem größeren Abstand getrennt lagen, sollen bleiben und in der Station Bornholmer Straße mit zwei Inselbahnsteigen nebeneinander liegen und so das Umsteigen erleichtern. Der Bahnhof Gesundbrunnen lebt für die S-Bahn und die Regionalzüge auf. In seiner Nähe kommen die Gleise vom Innenring und vom neuen Zentralbahnhof zusammen.

Auf den westlichen Gleisen fahren die Züge zum Lehrter Bahnhof, für die östliche Richtung gibt es ein großes Bauwerk. Es besitzt drei Ebenen: In der Nullebene liegt die zweigleisige Fernbahn zum Ostkreuz mit der Verzweigung nach Berlin-Schönholz und Berlin-Pankow, in der Minus-1-Ebene verlaufen die Fernbahngleise des Ringes mit den S-Bahn-Gleisen des Vollrings (Schönhauser Allee – Ring) und 14 Meter unter den Fernbahngleisen in der Minus-2-Ebene liegt das S-Bahn-Gleis Ring – Schönhauser Allee. Für das Nordkreuz waren 52 Brücken, elf Tunnel und 91 Stützbauwerke zu errichten und 275.000 m^3 an Massen (9.000 Güterwagenladungen) zu bewegen. Am 17.9.2001 schloss sich die letzte innerstädtische Lücke im S-Bahn-Netz. Nach 40 Jahren fahren wieder Züge zwischen Schönhauser Allee und Gesundbrunnen.

Berlin Bornholmer Straße:

Die S-Bahn-Station Bornholmer Straße ist ein Kind der Nord-Süd-Bahn, die im Norden Berlins weitere Zugänge nutzen wollte. 1961 wurde die auf Ostberliner Gebiet liegende Station zugesperrt, S-Bahn-Züge durften nicht mehr halten und fuhren am Mittelbahnsteig durch. Für die Ostberliner waren zwei östlich gelegene Gleise elektrifiziert worden, die die Verbindung Schönhauser Allee – Pankow herstellten, jedoch ohne Halt an der Bornholmer Straße. Mit der Fahrt auf dieser Verbindung konnte der Ostberliner seinen Gästen das Gruseln lehren. Auf der Seite westwärts Mauern, später hohe Streckgitterzäune, ostwärts freies Schussfeld als Schutzstreifen mit Hunden sowie Sperrzäune und Sperrgebiete. Über die S-Bahn-Station führt eine mächtige Brücke, auf der die DDR einen Grenzübergang einrichtete. Das Bauwerk wurde 1950 in Bösebrücke umbenannt (nach einem Kommunisten, nicht wegen ihres Charakters als Grenzkontrollpunkt). Die Bösebrücke ging in die Weltgeschichte ein, denn am Abend des 9. November 1989 erzwangen an dem Grenzübergang Ostberliner den Durchgang nach Westberlin, weil sie nach der TV-Ankündigung des Politbüromitglieds Schabowski das freie Reisen sofort und ohne Papierkram beanspruchten.

Der Senat wollte die S-Bahn-Station schnell wieder eröffnen lassen. Für die Wiederherstellung des als Grenzbefestigung missbrauchten Gebäudes wurden die Architekten Dörr, Ludolf und Wimmer beauftragt. Sie ließen das alte Gebäude auf der Nordseite instand setzen und stellten an die Südseite der Bösebrücke ein neues Bauwerk mit einem fünfeckigen Dachschirm über einen Stahl-Glas-Pavillon. So gibt es auf beiden Brückenseiten jeweils ein Empfangsgebäude.

An die „Ost-Strecke" kam 1991 ein neuer Haltepunkt mit zwei Außenbahnsteigen, so dass zwischen den Ost- und West-Linien, wenn auch mit Laufwegen und über Treppen, umgestiegen werden kann. Mit der Fertigstellung des Nordkreuzes enden die Provisorien, und das Umsteigen wird einfacher. Zwischen Bösebrücke und Gesundbrunnen ist eine neue, y-förmige Fußgängerbrücke entstanden, die Behmsstraßenbrücke, die die Gleisanlagen des weiten Nordkreuzes über-

spannt und mit Sicherheit zum beliebten Beobachtungspunkt wird für alle die, die Freude daran haben, den Zugverkehr auf dem Nordkreuz zu beobachten.

Berlin Wollankstraße:
Die S-Bahn-Station Berlin Wollankstraße war während der Mauerjahre die wohl eigenartigste Bahnstation. Sie lag auf Ostberliner Gebiet, S-Bahn-Züge hielten für Westberliner, Ostberlinern

Das Empfangsgebäude von Wollankstraße ist nun ohne Funktion

war sie nicht zugänglich. Die Bezirksgrenze zwischen Wedding und Pankow verlief unmittelbar am Bahnhofsgebäude auf westlicher Seite (wie auch beim S-Bahnhof Bornholmer Straße), während die unmittelbare davor liegende Nordbahnstraße samt Bürgersteig zu Westberlin gehörte. In der Regel legte die Deutsche Reichsbahn solche Betriebsstellen still oder ließ die Züge durchfahren, jedoch nicht hier. Die Mauer stand mit freiem Schussfeld östlich des Bahndammes (inzwischen zum Teil bewachsen). Der Brückendurchlass auf der Wollankstraße war zugebaut. Für den unaufmerksamen Bahnbenutzer musste bis zum Bahnsteig der Eindruck entstehen, er befinde sich in Westberlin, zumal er sich ja auf der westlichen Seite der Mauer befand. Dass dem nicht so war, zeigte Ost-Werbung auf dem Bahnsteig und ein Schild vor dem Stationseingang, das da auf das Ende des französischen Sektors hinwies. Auf dem Bahnsteig ist bestimmt auch niemandem aufgefallen, wenn Zugänge auf östlicher Seite aufgeschlossen wurden, damit DDR-Geheimdienstler durch das Bahnhofsgelände unauffällig die Seiten wechseln konnten. 1962 wurde hier ein Fluchttunnel entdeckt.

Wollankstraße heißt die Station erst ab 1937, vorher Pankow Nordbahn und Prinzenallee.

Das renovierte Empfangsgebäude an der Nordseite hat nur die Funktion eines Bahnsteigzuganges. Auffällig sind die inzwischen wieder hergestellten Säulen auf den Dammbögen. Sie sehen wie eine geordnete Schornsteinsammlung aus.

Die S-Bahn-Station Wollankstraße lag zwar auf Ostberliner Gebiet, dennoch konnten nur Westberliner ein- und aussteigen

Im Herzen der Stadt liegt der künftige Berliner Hauptbahnhof: der Lehrter Bahnhof

Berlin Unter den Linden:

Man bummelt auf der Prachtstraße Unter den Linden und ist überrascht, auf dem Bürgersteig, ebenso dicht am Brandenburger Tor, das S-Bahn-Zeichen zu sehen, wo doch weit und breit nichts von Eisenbahn zu sehen ist. Das S markiert unauffällig die Eingänge zur unterirdischen Station in unmittelbarer Nähe zu dem weltbekannten Berliner Wahrzeichen sowie an dem russischen Botschaftsgebäude. Der Haltepunkt „Unter den Linden", von Richard Brademann entworfen, war am 27. September 1936, kurz vor den Olympischen Spielen in Berlin, sogar als Endstation der noch nicht fertig gestellten

Nord-Süd-Verbindung eröffnet worden. Die für eine Endstation notwendige Kehranlage ist nicht mehr vorhanden. Zwischen 1961 und September 1990 waren die Zugänge so geschlossen worden, dass oberirdisch nichts auf eine Station hinwies. Der Haltepunkt gehörte nun zu Berlins „Geisterbahnhöfen", denn unterirdisch wurde die Strecke weiterhin für die Westberliner Fahrgäste befahren.

Der Zugang direkt an der damaligen sowjetischen, nun russischen Botschaft war erst 1998 wieder hergestellt worden, vordem musste die Treppe auf der gegenüberliegenden südlichen Straßenseite benutzt werden.

Reiseziele im Süden

Berlin Potsdamer Platz:
Der Platz gehörte zu den verkehrs-
reichsten Europas und ist heute mit den
Hochhäusern von Daimler und Sony in
aller Munde. Es gibt da aber auch die
Eisenbahn, denn mit dem Bau des
Nord-Süd-Tunnels wurde 1939 der
Bahnhof Berlin Potsdamer Platz mit
zwei Mittelbahnsteigen eröffnet. Neben
der zwischen 1961 und 1992 geschlos-
senen S-Bahn-Station (Züge fuhren hier
durch) ist der Regionalbahnhof zwischen Lehrter Bahnhof und Papestraße
großzügig neu gebaut worden. Oberirdisch stehen, den Hochhäusern ange-
passt, zwei gläserne Empfangshallen,
die viel Licht auf die darunter liegende
Passarelle werfen. Der Regionalbahnhof hat extra, aber in dichter Nachbar-

schaft zum Bahnhof des Nord-Süd-Tunnels zwei unterirdische Ebenen. Doppel-
stützen haben den gewaltigen Druck
von 7.500 t der darüber stehenden
Hochhäuser auszuhalten. Beton schützt
das Bauwerk vor dem Grundwasser.
Über den Bahnhof fahren die Züge der
U-Bahn-Linie U 3 und haben in der
Nähe eine Haltestelle.
Von der acht Meter unter dem Potsdamer Platz gelegenen Passarelle aus, die
eigentlich die Bahnhofshalle des Bahnhofs darstellt, lassen sich die zwei 20
Meter tief liegenden, 230 m langen Mittelbahnsteige gut überblicken. Die Züge
des Fernverkehrs fahren außen vorbei.
Da unterirdische Bahnhöfe meist be-
drückend im Dunkel liegen, sollen hier
Plexiglasröhren das Tageslicht gebün-
delt zum Bahnsteig ableiten. Geplant ist
die Inbetriebnahme des Bahnhofs Pots-

Einer der beiden Eingänge zum unterirdischen Regionalbahnhof Berlin Potsdamer Platz

damer Platz noch vor der Eröffnung des Lehrter Bahnhofs, indem die Tunnelstrecke teilweise zwischen Papestraße und Potsdamer Platz in Betrieb geht. Der Potsdamer Platz ist den deutschen Eisenbahnern aus einem anderem Grund bekannt. Im Haus Nr. 2, im Sony-Center, hat sich auf 26 Etagen die Konzernleitung der Deutschen Bahn AG seit Juni 2000 eingemietet. Weitere Gebäude werden von ihr im Bezirk Mitte, und zwar in der Holzmarktstraße das Trias-Gebäude, in der Nähe das Schick-

lerhaus, sowie das Gebäude Ruschestraße 59 im Bezirk Lichtenberg-Hohenschönhausen, belegt. Letzteres war einst für den Staatssicherheitsdienst der DDR gebaut worden, wurde im Jahr 1989 vom Bürgerkomitee der Deutschen Reichsbahn übergeben, weil das das einzige Unternehmen in der DDR war, das in den wilden Tagen der politischen Wende mit Höchstleistungen im Personen- und Güterverkehr arbeitete und deren Leitung mangels eines Bürogebäudes über Ostberlin verstreut war.

Imposante Visitenkarte der Bundeshauptstadt: der Potsdamer Platz. Im Hochhaus residiert die Konzernzentrale der Deutschen Bahn

Im Bild: Übergang zur Vororthbahn in Richtung Lichtenrade,Lichterfelde-Süd,Gesundbrunnen,Heiligensee

So war's früher: Das Südkreuz entsteht an der Stelle des heutigen S-Bahnhofs Papestraße

Das Südkreuz:

Berlin soll im Stadtbezirk Tempelhof-Schöneberg ein Südkreuz für täglich 200 000 Reisende erhalten anstelle des Bahnhofs Berlin Papestraße. Der angeblich zweitgrößte Bahnhof Berlins wird wohl ein „Autofahrer-Bahnhof" werden, sagt man, denn in Nähe der Stadtautobahnen sind für das Südkreuz zwei vierständige Parkhäuser mit 2 500 Stellplätzen geplant. In Südkreuz wird die nach Süden (Dresden, Leipzig, Halle, München) verlaufende Strecke vom Lehrter Bahnhof mit dem südlichen Teil der Ringbahn kreuzen, so dass der Bahnhof mit vielen Umsteigemöglichkeiten den Fern-, Regional- und S-Bahn-Verkehr verknüpft. Der Vorschlag des Architekten Max Dudler sieht u. a. eine 49 m breite und 215 m lange Haupthalle mit wellenförmigem Dach, je eine Eingangshalle West und Ost sowie die Bahnsteighalle vor; nach Architektenmeinung nicht ein Bahnhofstyp des 19. Jahrhunderts, sondern eine Orientierung an die neuen Aufgaben, auf die zwei Turmhäuser und zwei begrünte Vorplätze hinweisen würden. Das obere Geschoss des Bahnhofs sollen die Ringbahnlinien durchqueren, während die anderen Gleise unterirdisch eine Etage tiefer liegen. Zwei Güterzuggleise führen an der südlichen Hallenseite vorbei.

Für das Südkreuzprojekt sind 328 Millionen Euro veranschlagt, jedoch ist das Projekt zunächst auf Eis gelegt. Derzeit ist Papestraße Umsteigebahnhof allein für den S-Bahn-Verkehr auf zwei Ebenen mit drei Bahnsteigen.

Von der Militäreisenbahn, auf der ein Geschwindigkeitsrekrord gefahren wurde, ist in Marienfelde nichts mehr zu sehen. 1985 ließ das Bezirksamt Tempelhof am Bahnhof den Gedenkstein aufstellen

Berlin-Marienfelde:

Berlin-Marienfelde hat mit der Kirche den ältesten Sakralbau Brandenburgs und Berlins. Der Ortsteil gehörte bis 1920 nicht zur Spreestadt. In Marienfelde befand sich das Aufnahmelager für die, die es mit oder ohne Erlaubnis nach Westberlin geschafft hatten und da bleiben wollten.

Der Ort besaß schon 1875 einen Bahnhof an der Dresdner Strecke, dazu auch einen Güterbahnhof und eine S-Bahn-Station. – Was sonst noch?

Nicht vergessen werden darf, dass von Marienfelde aus die weltberühmten Schnellfahrversuche mit elektrischen Lokomotiven stattfanden. Von der Militäreisenbahn nach Zossen ist heute fast nichts mehr geblieben, man muss auf der Berlin-Dresdner Strecke schon genau hinschauen, um Reste eines Planums auszumachen, das der Militäreisenbahn gehört haben könnte.

Nach erfolgreichen Versuchen von Sie-

mens & Halske rüstete die Studiengesellschaft für Schnellbahnen die 27 km lange Militäreisenbahn Marienfelde – Zossen mit elektrischer Fahrleitung aus: Drei Leitungen seitlich des Gleises, an denen die Lokomotive jeweils einen Bügelstromabnehmer gleiten ließ. In den ersten zwei Jahren fanden Schnellfahrversuche statt, und man erreichte am 27. Oktober 1903 die Geschwindigkeit von 210,2 km/h. Das Fahrzeug befuhr die Strecke in acht Minuten.

Am S-Bahnhof Berlin-Marienfelde steht eine Stele, die an die technische Leistung vom 20. Oktober 1903 erinnert. 1985 ließ das Bezirksamt Tempelhof am Bahnhof den Gedenkstein von Irene Schultze-Seehof und Maximilian Pfalzgraf als geteilten preußischen Meilenstein mit der Plakette aufstellen, die u. a. die drei Stromabnehmer zeigt.

Das Empfangsgebäude im italienischen Stil stand bis zum Bombentreffer im Jahre 1943.

Berlin Hermannstraße:

Der S-Bahnhof liegt an der südlichen Ringbahn und zu ihm kann man auch vom Alexanderplatz aus mit der U-Bahn fahren. Das Empfangsgebäude wurde im Krieg stark beschädigt, 1968 teilweise wieder aufgebaut und 1971 abgebrochen. Jetzt muss ein einfacher Neubau genügen. 1980 hatte die Deutsche Reichsbahn hier den Betrieb eingestellt, nach dem Mauerfall und dem Wiederaufbau der Strecke ihn 1993 wiedereröffnet. Zuvor waren die Stationen zwischen Baumschulenweg und Steglitz instand gesetzt bzw. verändert worden. So kam auch der Bahnsteig von der Hermannstraße in eine Lage weiter ostwärts

und unter die Straßenbrücke. Neben den S-Bahn-Gleisen liegen Streckengleise für den Güterverkehr, zu denen sich mehrere Anschlussbahnen angebunden haben, sowie einige Rangiergleise. Verlotterte Anlagen zeigen, dass hier für Händler Kohle entladen wurde. Die S-Bahn-Station Hermannstraße wäre nicht weiter erwähnenswert, wenn sie nicht an der Brücke läge, von der man auf die Fern- und Rangiergleise einen hervorragenden Überblick hätte. Weite Sicht auf Güterzüge in Richtung Tempelhof und Neukölln ist möglich. Gut lässt sich der Rangierbetrieb mit den Diesellokomotiven der Neukölln-Mittenwalder Eisenbahn beobachten.

Parallel zur S-Bahn-Station Hermannstraße betreibt die NME auch Güterverkehr

Sicht von der Brücke Ilsestraße auf die Station Hermannstraße

Reiseziele im Osten

Berlin-Grünau:

Wer eine Wasserlandschaft mag, fahre bis Grünau an der Strecke nach Königs Wusterhausen. Der Bahnhof, der seinen Namen zu recht trägt, ist besonders an Wochenenden beliebtes Ziel, denn schon in seiner Nähe gibt es viel Wald und Wasser. Die zwei Inselbahnsteige wurden 1906 mit der Hochlegung der Planie gebaut. Am Bahnhofsende steht die neue S-Bahn-Werkstatt und ihr gegenüber, außerhalb des Bahnhofs, ein Versuchsinstitut der Firma Bombardier Transportation.

Zu empfehlen ist die Fahrt mit der Straßenbahn nach Schmöckwitz, die über den Ortsteil Karolinenhof fast immer dicht am Langen See, der von der Dahme gespeist wird, entlangfährt. Gleich am Anfang der Strecke stehen Bootshäuser, und hier beginnt die 2.000 m lange Regattastrecke. Hinter dem gegenüberliegenden Ufer sieht man eine der beiden größten Berliner Erhebungen, den Müggelberg (115 m über Normalnull).

Im dörflichen Ortsteil Schmöckwitz endet die Straßenbahnlinie, und hier steht das Depot mit den historischen Fahrzeugen. Nicht weit von hier können auf der Straßenbrücke drei Seen überblickt werden – Langer See, Zeuthener See und Seddinsee, und man ist immer noch in Berlin! Die Strecke zwischen Grünau und Schmöckwitz ist auch als Uferbahn bekannt, die 1912 eröffnet und zuerst mit Benzoltriebwagen befahren wurde.

Berlin Warschauer Straße:

Zwischen Ostkreuz und Ostbahnhof liegt die S-Bahn-Station Warschauer Straße (wie diese Straße tragen weitere des angrenzenden Gebietes Namen polnischer Orte), die wahrlich keine Augenweide ist. Einst besaß die Empfangshalle, die man von der Warschauer Brücke über Stufen und einen kleinen Vorplatz erreicht, einen Vorbau mit Säulen und einem Spitzdach, alles im Krieg dahin. Die Station hat drei Mittelbahnsteige, einer für die Züge von und nach Erkner, die beiden anderen für die S-Bahn-Züge in die anderen Richtungen. Die Strecken vereinen sich erst im Ostbahnhof bzw. gehen in diesem Bahnhof ostwärts auseinander und haben deshalb in Warschauer Straße unterschiedliche Bahnsteige. Ein Blick durch ein offenes Fenster ostwärts lässt erkennen, auf welchem Bahnsteig der nächste Zug anrückt.

Die Station gibt es seit 1884, zwischen 1903 und 1924 wurde sie auf die andere Seite der Warschauer Brücke verlegt, mit dem S-Bahn-Betrieb in Richtung Erkner kehrte die Station jedoch wieder an den alten Platz zurück. Als neue Verbindungen nach Ahrensfelde und Wartenberg hinzukamen, musste die Bahnsteigkapazität erweitert werden. Das benachbarte Reichsbahnausbesserungswerk musste 1986 auf ein Gleis verzichten, indem der Werkzaun um ein Gleisfeld nach innen versetzt wurde.

Warschauer Straße hat in Richtung Ostbahnhof Kehranlagen. Meist die Züge in Richtung Grünau/Zeuthen benutzen diese, denn von Süden her fährt in das Stadtzentrum nur noch die Schönefelder Zuggruppe alle 20 Minuten, und das ist zu wenig. So gibt es zwischenzeitlich eine Verstärkung von und bis Warschauer Straße.

Vom S-Bahnsteig zur Straßenbahn und U-Bahn-Station bedarf es einiger Schritte. Geplant war die Verlängerung der U-Bahn-Linie 1 bis in Höhe der S-Bahn-Gleise. Die Straßenbahn ist ver-

Den Blick bietet die Warschauer Brücke: im Hintergrund der Ostbahnhof, zu dem die Gleise führen. Der Zug mit den beige-grünen Wagen kommt als EC aus Warschau. Die S-Bahn wartet in der Kehranlage auf die Fahrt nach Zeuthen

Über dem Gleis nach Erkner: der Eingang für die S-Bahn-Station Warschauer Straße

längert worden – zum U-Bahnhof. Zum „Ausgleich" für den langen Weg erhielt der Endbahnhof der U-Bahn 1995 den gleichen Namen wie der S-Bahnhof. Von der Brücke ist hervorragend der Ostkopf des Ostbahnhofs zu sehen, im Hintergrund ein Teil der Berliner Silhouette mit dem Fernsehturm am Alexanderplatz. Von diesem Standpunkt lässt sich gut der lebhafte Zugverkehr (S-Bahn und Fernbahn) beobachten: links die stillgelegten Stückguthallen des Ostgüterbahnhofs. Die Gleise werden von den Lokomotiven des Betriebshofes Berlin Ostbf und von einer Baustofffirma benutzt. In der Mitte die Bahnhofshalle des Ostbahnhofs und die nach Osten führenden Gleise mit Zugverkehr in dichter Folge. Rechts der Wriezener Bahnhof, nur noch zwei Gleise für die

Nachtzüge sind in Betrieb, alle anderen Gleise stillgelegt und von der Spontanvegetation besetzt. Hier fuhren einst Personen- und Güterzüge ein. Es gab Ladestraßen und einen lebhaften Rangierverkehr – auch zum Ausbesserungswerk. Jetzt braucht keiner mehr das trostlose Gelände. Ein Blick in die andere Richtung, nach Osten, kann überraschen, da befindet sich das ehemalige Reichsbahnausbesserungswerk für Kühlwagen. Ein Teil ist für sich abgetrennt und hat neue Werkhallen. Hier werden die Fahrzeuge des Nachtzugverkehrs gewartet, und dazu gehören auch die niedrigen Wagen des Talgo-Zuges mit den Jakobs-Drehgestellen. Der Rest des Werks ist ungenutzt und gilt als größte Industriebrache innerhalb des S-Bahn-Ringes.

Berlin Ostkreuz:

Von weitem ist ein funktionsloser, unter Denkmalschutz stehender Wasserturm mit einer Pickelhaube zu sehen. Er markiert das Ostkreuz. Kein Eisenbahnbauwerk für den Personenverkehr dürfte einen so abweisenden Eindruck machen wie die Station Ostkreuz in Berlin. Gewiss, der Krieg beschädigte auch diese Eisenbahnanlage. Nach der Bombardierung verschwand das auf dem Bahnsteig A stehende Dienstgebäude, das Empfangsgebäude zur Sonntagstraße brannte aus. Da wurde eben geflickt, eine Fußgängerbrücke herbeigeschafft. Die Treppen zwischen den oben und unten liegenden Bahnsteigen sind ohne Schutz, nach Schneefall ist für Treppenstürze gesorgt. Nicht einmal der meistfrequentierte Bahnsteig D ist vollständig mit einem Dach bedeckt.

Durch Ostkreuz verlaufen in der unteren Ebene zwei Gleisrichtungen Ost – West (bzw. umgekehrt) und oben eine Gruppe Nord – Süd. Verbindungsbogen gibt es oben von West nach Süd, von Nord nach West und umgekehrt. Jedes Gleis der S-Bahn war mit einem Bahnsteig ausgestattet, zwischen denen umgestiegen werden sollte, so dass es mehrere Übergänge mit Treppen gibt, nicht an einer Stelle einen Aufzug oder eine Rolltreppe! Hinzu kommen von zwei Straßenseiten Zugänge, von denen die Bahnsteige nur über Treppen zu erreichen sind. Die den Bahnhof oben und unten (da beiderseits) durchziehenden Ferngleise haben bisher keine Bahnsteige, Zwischenstopps sind für Fernzüge nicht vorgesehen, nach einem Umbau sollen Regionalzüge unten und oben halten. Um die Situation beim Umsteigen zu vereinfachen und sich die Instandsetzung einiger Treppen zu ersparen, wurde seit den Nachkriegsjahren auf die Halte der S-Bahn-Züge verzichtet, die das Kreuz auf den Außenbogen befahren, so dass diese S-Bahn-Züge manchmal Unkundige unfreiwillig in die falsche Richtungen mitnehmen. Der

Ostkreuz: Am Bahnsteig F, auf dem Menschen warten, fahren S-Bahn-Züge der Nord-Süd-Richtung und zum Südring bzw. in der Gegenrichtung. Der Triebwagen im Hintergrund fährt vorbei, er kommt von Berlin-Lichtenberg und fährt nach Berlin-Schöneweide

Ostkreuz: Der rechte Bahnsteig ist den Zügen von und nach Erkner vorbehalten, am Gleis des linken Bahnsteigs halten die übrigen Züge in Richtung Osten

zweigleisige Bogen zwischen Frankfurter Allee und Warschauer Straße wird derzeit nicht benutzt. Ortskundige Reisende, die auf dem oberen Bahnsteig F aussteigen und den Anschluss zum Stadtzentrum nutzen, verlassen sich auf ihre Augen, um zu erfahren, welcher Zug der Nächste und was der richtige Bahnsteig ist. Sie spähen auf die aus Richtung Osten anrückenden Züge und gehen dann, je nachdem welcher anrückt, auf den zutreffenden Bahnsteig. 1882 nannte sich die Station Stralau-Rummelsburg, seit 1933 Ostkreuz (heute im Scherz „Rostkreuz" genannt). Der Bahnhof steht unter Denkmalschutz! Schon die Deutsche Reichsbahn hegte große Pläne zum Umbau und wollte

zum Beispiel den S-Bahn-Verkehr der Richtungen Erkner und Lichtenberg an einem Bahnsteig vorbeiführen. Auch bei der Deutschen Bahn gibt es Pläne: Umstellung vom Linien- auf Richtungsbetrieb, Regionalbahnsteige an der Strecke Berlin – Frankfurt (Oder), an der ehemaligen Ostbahn (Berlin Hbf – Strausberg) sowie an der Ringbahn, zwölf Aufzüge und 17 Fahrtreppen sowie Verbreiterung des Bahnsteigs F an der Ringbahn. Jedoch wurden Sanierung und Umbau von 1999 auf 2008 verschoben, und wer an den Umbau glaubt, wird selig. Immerhin ist Ostkreuz ein Anschauungsobjekt für den größten Umsteigebahnhof im deutschen Nahverkehr.

Berlin Wuhletal:

Die Wuhle ist ein kleiner Fluss von 15,2 km Länge innerhalb Berlins, und nach ihr wurde die gemeinsame S-Bahn-/U-Bahn-Station zwischen den S-Bahn-Stationen Biesdorf und Kaulsdorf benannt, nämlich Wuhletal. Zuerst war der Name Kaulsdorf Nord vorgesehen. Für Berlin ganz atypisch kann zwischen zwei Verkehrsmitteln ohne Laufwege umgestiegen werden und außerdem noch auf demselben Bahnsteig! Die oberirdische Station auf einem niedrigen Damm hat zwei 160 m lange Inselbahnsteige, an denen Richtungsverkehr sowohl für die S-Bahn- wie für die U-Bahn-Züge stattfindet. So ist das Umsteigen stadtauswärts und stadteinwärts recht bequem, nur nicht, wenn die Richtung gewechselt wird. Die U-Bahn kommt vom Alexanderplatz und fährt über Hellersdorf nach Hönow Sie war damit zunächst die einzige U-Bahn-Strecke im Land Brandenburg, bis 1994 der „2+4-Vertrag" eine Gebietskorrektur ermöglichte, die bebautes Brandenburger Gebiet der Stadt Berlin zuschlug (und auch diesen U-Bahnhof). In Wuhletal unterquert sie die S-Bahn-Linie Spandau – Strausberg. Verbunden sind das S-Bahn-Gleis 16 mit dem Übergabegleis 21 der U-Bahn, was nützlich für Werkstattfahrten zum Ausbesserungswerk Schöneweide war. Jedes Verkehrsunternehmen besitzt einen Bahnsteig, die S-Bahn den mit den Zügen stadteinwärts, die BVG den anderen. Vor Eröffnung am 1. Juli 1989 war eine Frage wichtig: Welches Verkehrsunternehmen bestimmt die maßgebende Uhrzeit? Wichtiger war schon, dass S- und U-Bahn unterschiedliche Fahrsperren verwenden. So muss jede Bahn auf ihren eigenen Gleisen bleiben.

„Wuhletal" an der S-Bahn-Strecke nach Strausberg. Hier benutzen S- und U-Bahn den Bahnsteig gemeinsam, so dass dem Umsteiger lange Wege erspart werden

Hoppegarten (Mark):

Der Bahnhof ist an der S-Bahn-Strecke nach Strausberg die zweite Station außerhalb Berlins und bekannt durch seine bereits 1868 bestehende Pferde-Rennbahn. 1867 war für die Ostbahn der erste Abschnitt zwischen Berlin (Bahnhof am heutigen Küstriner Platz) und Gusow in Betrieb gegangen, jedoch ohne einen Haltepunkt in Dahlwitz-Hoppegarten. Der wurde zuerst nur für die Renntage, im Jahre 1870 für jeden Tag der Saison genehmigt. 1923 erhielt der Ort einen Rennbahn-hof als Teil des vorhandenen mit zwölf Gleisen und fünf Bahnsteigen. Das Gleis zu dem Bahnhofsteil zweigte an der damals bestehenden Blockstelle Birkenstein ab.

Der Rennbahnhof wurde nach dem Krieg dazu benutzt, Reparationsgüter, u. a. U- und S-Bahn-Wagen und die Gleisanlagen dieses Bahnhofsteils, in Richtung UdSSR zu verladen. Mit etwas Mühe ist das Gelände noch zu erkennen.

Bis nach dem Krieg änderten sich die Verhältnisse auf dem übrigen Bahnhof Hoppegarten wenig, ein neues, einfaches Empfangsgebäudes kam auf die südliche Seite. Dampfbetriebenen Vorortverkehr gab es ab 1944. Dazu war ein Mittelbahnsteig mit Stellwerksgebäude, Dienstgebäude für den Zugabfertiger und ein Unterstand für Reisende gebaut worden.

Zugverkehr für einen Renntag fand nach dem Krieg erstmals am 14. Juli 1946 statt. Die Fernzuggleise, auf denen einst die D-Züge bis nach Königsberg fuhren, wurden zur Abfuhrstrecke von Reparationsgut, das zweite Gleis demontiert – nicht für die UdSSR, sondern für die Strecke Berlin – Erkner, wo beide Gleise der Reparation zum Opfer gefallen waren. Am 7. März 1947 fuhr der erste elektrische S-Bahn-Zug auf der eingleisigen Strecke im Bahnhof Hoppegarten (Mark) ein. Ein Jahr später konnte die S-Bahn bis Strausberg fahren.

Die 437 ha große „Rennbahn im Grünen" erfreut sich eines großen Zulaufs, und die Forderungen nach einem leistungsfähigen S-Bahn-Betrieb an den Renntagen werden immer lauter.

Die Anlagen auf dem Bahnhof mit dem einen Bahnsteig und abseits stehendem Empfangsgebäude im einfachen Fachwerk sehen dagegen wie ein kleiner Dorfbahnhof zur Kaiserzeit aus. Immerhin liegen seit November 1992 bis Hoppegarten (Mark) für den S-Bahn-Betrieb zwei Gleise.

INFO

Die Panorama-S-Bahn

Meist an Wochenenden rollt die Panorama-S-Bahn auf einem Rundkurs. Sie entstand 1998/99 in der Hauptwerkstatt der S-Bahn als Einheit aus drei Wagen mit den Betriebsnummern 488 001, 888 001 und 488 501. Große gewölbte, ungeteilte Fenster mit dünnem Profil – übrigens aus der Schweiz – bezogen – erlauben einen überraschenden Blick auf die die S-Bahn-Strecken überragenden Bauwerke Berlins. Kein Fahrgast muss mit seinen Augen über die Schulter sehen, denn rückwärts zur Fahrtrichtung sitzen ist nicht nötig. Die 65 Polstersitze lassen sich drehen. Der Zug fährt mit Klimaanlage.

Das erste Bahnhofsgebäude zum Bahnhof Berlin-Karlshorst, der für die Pferderennbahn gebaut wurde. Heute dient es anderen Zwecken (2001)

Berlin-Karlshorst:

Die S-Bahn-Station Berlin-Karlshorst (Strecke Berlin – Erkner) scheint ein Haltepunkt wie viele andere zu sein. Am gleichnamigen Betriebshof fährt die S-Bahn in voller Fahrt vorbei, was soll es hier Besonderes geben? Die benachbarten Straßen waren einst belegt vom Oberkommando der sowjetischen Streitkräfte und vom sowjetischen Geheimdienst. Nicht allzuweit entfernt befindet sich das Deutsch-Russische Museum, wo am 8. Mai 1945 die Kapitulationsurkunde unterschrieben wurde. Was sonst noch?

Die Station mit dem kleinen Empfangsgebäude zwischen Widerlagern an der Treskowallee besaß einst größere Bedeutung. Hier begannen zahlreiche „Sputnik"-Züge nach Potsdam, „Sputnik" im Volksmund deshalb, weil sie nach dem Mauerbau auf dem Außenring Westberlin umkreisten. Dafür gab es einen Behelfsbahnsteig an der südlichen Dammseite (hoch gelegene Gleise seit 1902), der am Gleis Berlin –Frankfurt (Oder) lag und von der S-Bahn über die Straße und eine Holztreppe erreicht

werden konnte. Versetzt lag der Bahnsteig für ankommende Züge vom Außenring. Über eine über das Ferngleis nach Berlin führende Brücke konnte der S-Bahnsteig erreicht werden. Diese zwei Außenbahnsteige gibt es heute noch für den Regionalzugverkehr. Bedeutsamer war der Bahnhof als Rennbahnhof. Dicht am Bahndamm erstreckt sich die 1893 als Pferderennbahn eröffnete Trabrennbahn. Der für die Rennbahn gebaute Bahnhof ist kaum bekannt, er ging ein Jahr vor der S-Bahn-Station 1894 in Betrieb mit sieben Gleisen und lag, von Karlshorst aus gesehen, vor dem Rangierbahnhof Rummelsburg.

Mit der Elektrifizierung der S-Bahn konnte auf den Rennbahnhof verzichtet werden. Die Gleise blieben jedoch und nahmen zuletzt Wagen des Gleisbauzuges auf. Jetzt ist aus dem Rennbahnhof eine dem Bahnhof Rummelsburg zugeordnete Abstellanlage für die ICE-Züge geworden. Das alte Empfangsgebäude des Rennbahnhofs an der Treskowallee ist noch zu sehen. Es beherbergt einen Einkaufsmarkt.

Berlin-Friedrichshagen und die Woltersdorfer Straßenbahn:

Die S-Bahn-Station mit dem unter Denkmalschutz stehenden Empfangsgebäude ging aus dem Bahnhof der Fernbahn nach Frankfurt (Oder) hervor, der 1902 in die Hochlage kam. Vorher gab es schon seit 1842 einen Bahnhof im Straßenniveau. Nun ist Friedrichshagen als S-Bahnhof ein günstiger Ausgangspunkt zum Müggelsee, aber auch in das am Bahnhof beginnende Waldgebiet, die Krummendammer Heide. Vom Bahnhof führt nach Rüdersdorf die Linie der Schöneicher-Rüdersdorfer Straßenbahn GmbH mit Sitz in Schöneiche, die ums Überleben kämpft. Protestaktionen der Fahrgäste hatten bisher verhindert, dass die Überlandbahn eingestellt wird. Die Straßenbahn in Meterspur von Friedrichshagen bis Alt-Rüdersdorf hat eine Länge von 14,1 km. Bei Rüdersdorf liegt der nördlichste Kalkstein-

Kult-Straßenbahn für Liebhaber: Woltersdorf

bruch Deutschlands. Am weiten Becken laden museale Anlagen zum Besuch ein. Da der Straßenbahnbetrieb in Rüdersdorf immer im Zwang zum Sparen stand, musste er sich mit Fahrzeugen anderer Städte begnügen, und so galten Depot wie Strecke als Geheimtip unter Straßenbahnfreunden.

Eine weitere Linie wird vom Unternehmen zwischen Rahnsdorf und der Woltersdorfer Schleuse auf 5,6 km Länge betrieben. Die eingleisige Strecke beginnt am S-Bahnhof Rahnsdorf, dessen Bahnhofsgebäude, so wie es heute aussieht, als Klinkerbau mit Zinnen das Baujahr 1902 hat, und endet vor der Schleuse, die den Höhenunterschied zwischen Flakensee und Kalksee ausgleicht.

Am Kalksee entstanden in den dreißiger Jahren mehrere Filme, deren Handlung meist in fernen Ländern angesiedelt war.

werke

Sechs Schöne der Nacht posieren im
damaligen Betriebswerk Schöneweide
am 21. Mai 1994 für ihre Verehrer

Im ehemaligen Bw Grunewald wartet die 232 002 auf neue Aufgaben

Berliner Bahnbetriebswerke
Hinter den Kulissen des Eisenbahn-Betriebs

Mit **Grunewald** bezeichneten sich zwei Bahnbetriebswerke: Betriebsbahnhof und Abstellbahnhof. Das dem Abstellbahnhof Hundekehle zugeordnete Bahnbetriebswerk betreute von 1928/29 an die elektrischen Triebwagen der S-Bahn. Nach dem Ersten Weltkrieg hatten Schnellzuglokomotiven (spätere DR-Baureihe 17) neben Güterzug-Lokomotiven in Grunewald ihre Heimat. Bald ersetzten Rechteckschuppen mit Schiebebühne die zwei alten Rundschuppen. In den dreißiger Jahren waren hier Lokomotive der Baureihe 03 stationiert wie auch die SVT, die sowohl nach West (Köln) wie nach Ost (Beuthen) fuhren.

Grunewald war auch der Standort des Eisenbahn-Zentralamtes, das mit wissenschaftlichen Lokomotivuntersuchungen maßgeblich zur Entwicklung der Dampflokomotiven beitrug und 1905 aus dem Versuchsamt hervorging. Der Standort war mit der von Grunewald ausgehenden Strecke nach Sangerhausen begründet, weil sie sich für die

Messfahrten wegen des geringen Zugverkehrs und der wechselnden Höhenverhältnisse hervorragend eignete. Damit sah der Bahnhof Grunewald legendäre Lokomotiven wie die erste preußische P 8 „Cöln 2401" (1906), die AEG-Kohlenstaublokomotive 56 2906 der DR (1928), die Turbinenlokomotive T 18 1001, die Hochdrucklokomotive H 02 1001, die Lokomotive 19 1001 mit Einzelachsantrieb und die Lokomotiven 05 001 bis 003. Nach dem Mauerbau kam dem Bahnbetriebswerk die Aufgabe zu, Schnellzüge innerhalb West-Berlins zu fahren, weil die Deutsche Reichsbahn den Personalen anderer Bahnbetriebswerke zutraute, die Fahrt nach Westberlin für die Flucht zu nutzen.

In den letzten Jahrzehnten verlor das Bahnbetriebswerk Grunewald zunehmend seine Aufgaben. Das begann mit dem 80er Streik, nach dem dieses Bahnbetriebswerk aufgelöst und wie andere Westberliner technische Dienststellen der „Unterhaltungsstelle für Maschi-

Berliner Bahnbetriebswerke

Heimstätte vieler Reisezugwagen und
Treffpunkt des modernsten Zugmaterials
der DB AG: Berlin-Rummelsburg

Die Werklokomotive 232.04 der Firma Schauffele (vorher DR 142 004) auf der Schiebebühne des Betriebshofes Berlin Ostbahnhof (2000)

nentechnik" in Tempelhof unterstellt wurde und endete mit der Auflösung des Bahnbetriebswerks Wustermark, dem die Einsatzstelle Grunewald unterstellt war. Aus der Einsatzstelle wurde eine Werkstatt, die Reisezugwagen repariert, früher Sache des Ausbesserungswerks Potsdam.

Vom 1. Dezember 1950 an gab es das Bahnbetriebswerk **Berlin Ostbf** an der Mühlenstraße, es war aus dem 1945 bei einem Luftangriff schwer beschädigten Bahnbetriebswerk Schlesischer Güterbahnhof hervorgegangen und hatte verschiedene Baureihen von Dampflokomotiven im Bestand, zuletzt hauptsächlich die Schnellzuglokomotiven der Baureihe 01.

1967 begannen Instandsetzungsarbeiten und Umbauten, die Beheimatung von Diesellokomotiven wurde vorbereitet. Diese kamen schon 1970 zum Bahnbetriebswerk Ostbahnhof, indem man die Einsatzstelle Rummelsburg und das Bahnbetriebswerk Berlin-Lichtenberg diesem Bahnbetriebswerk unterstellte. Erste Diesellokomotiven waren die Baureihen 106, 110 und 118. Am 29. September 1979 war letzter Einsatztag einer Dampflokomotive des Bahnbetriebswerks Berlin Ostbahnhof, seine Lokomotive 01 2065 fuhr einen Eilzug nach Stettin. Die Maschine gehörte zur Einsatzstelle Berlin-Lichtenberg. Dieses ehemalige Bahnbetriebswerk war an der Westseite des Rangierbahnhofs Lichtenberg-Friedrichsfelde als Betriebswerkstatt für die Ostbahn mit Güterzuglokomotiven für den Rangier- und Streckendienst sowie für Überführungsfahrten zwischen den Berliner Rangierbahnhöfen 1890 eingerichtet worden. Die Betriebswerkstatt an der östlichen Seite des Bahnhofs

Blick von Berlin-Rummelsburg in Richtung Berlin-Karlshorst (2001): rechts die Abstell-anlage für ICE-Züge in Karlshorst, in der Mitte das Ferngleis Richtung Frankfurt (Oder)

nahm die Personenzug-Lokomotiven auf. Bis heute gibt es zwei Rundlokomotivschuppen nahe der Gleise des Innenrings, einer als Berliner Schuppen, der andere als Bromberger Schuppen bezeichnet. 1970 bei der Eingliederung in das Bahnbetriebswerk Berlin Ostbf betreute Lichtenberg ausschließlich Dampflokomotiven.

Heute unterscheidet der Fern- und der Nahverkehr die Aufgaben der noch betriebenen Anlagen. Berlin Ostbahnhof mit Rummelsburg sind dem Geschäftsbereich Reise & Touristik zugeordnet, Lichtenberg Regio der Deutschen Bahn. Überwiegend beheimatet Ostbahnhof die Baureihe 112, Rummelsburg die ICE-2-Züge und Reisezugwagen und Lichtenberg die Baureihen 628, 772 und Dieseltriebfahrzeuge. Die ebenfalls an großen Rangierbahnhöfen angeordneten Bahnbetriebswerke

Berlin-Pankow und Berlin-Schöneweide haben ausgedient. Pankow am stillgelegten Rangierbahnhof ist höchstens noch Abstellplatz, der Rundschuppen des Schöneweider Betriebshofs steht unter Denkmalschutz.

Auf dem Eisenbahngelände von **Rummelsburg** befand sich bis zum 31. März 1981 das Triebwagen-Bahnbetriebswerk Berlin-Karlshorst. Die Zunahme des Eisenbahnverkehrs in Berlin verlangte nach einer Abstellanlage für aus Westen ankommende Züge, die bislang hauptsächlich nach Köpenick (damals Cöpenick) gebracht wurden. Die Lokomotiven mussten als Leerfahrt zurück zur Bahnwerksmeisterei an der Warschauer Brücke. Mit dem Neubau sollten die Züge ohne Lokomotivwechsel und ohne anschließende Leerfahrt bis zum Abstellbahnhof fahren. Dafür bot sich die Fläche neben dem Rummels-

Direkt neben den Bahnsteigen in Lichtenberg ist der SVT 175 016 abgestellt

burger Güterbahnhof an. 1914 wurde der Abstellbahnhof Rummelsburg (Rga) mit einer Betriebswerkmeisterei eröffnet, die Meisterei jedoch erst von 1919 an genutzt. Für die Güterzug- und Rangierlokomotiven gab es eine Betriebswerkmeisterei Rummelsburg (Rgb). Die Deutsche Reichsbahn bezeichnete die Betriebswerkmeistereien als Bahnbetriebswerke und stationierte in Rgb Schnellzuglokomotiven der Baureihe 17. Das Bahnbetriebswerk erhielt 1930 die Ortsbezeichnung Karlshorst. Ende 1950 war das Bahnbetriebswerk Karlshorst ohne Dampflokomotiven. Stattdessen beheimatete die Deutsche Reichsbahn Triebwagen in Karlshorst, zuerst die Bauart „Ruhr", und 1952 verlegte sie die Triebwagengruppe des Anhalter Bahnhofs hierher, vom 1. Juli 1953 an hieß die neue Dienststelle „Tw-Bw Berlin-Karlshorst". Von hier aus wurden internationale Triebwageneinsätze (z. B. Berlin – Prag, Berlin – Budapest) koordiniert oder bei diesen Zügen Lotsen für die DR-Strecken eingesetzt. Der Schnelltriebwagen der Baureihe SVT 18 (175) gehörte zum Bahnbetriebswerk Berlin-Karlshorst, jedoch wurden auch Diesellokomotiven, zum Beispiel

der Baureihe 118, hier stationiert, bis sie 1981 zum Bahnbetriebswerk Berlin Ostbf wechselten, denn in diesem Jahr wurde das Triebwagen-Bahnbetriebswerk aufgelöst.

Der Bahnhof Rummelsburg behielt seine Funktion als Abstellbahnhof (Rga), zudem gab es den Rangierbahnhof (Rgb), auf dem die offenen Güterwagen für die Züge zum Cottbusser Braunkohlerevier gesammelt wurden. Außerdem führte ein Anschlussgleis zum Kraftwerk Klingenberg, das die Kohle allerdings auf dem Wasserweg bezog. Der S-Bahn-Haltepunkt am Bahnhof heißt „Betriebsbahnhof Rummelsburg". Der ICE-Verkehr auf der Strecke Berlin – Hannover veranlasste die Deutsche Bahn, auf dem Bahnhof Rummelsburg eine zweigleisige, 230 m lange Triebzughalle, eine viergleisige Behandlungsanlage, eine 190 m lange, automatisch gesteuerte Außenreinigungsanlage und die Radsatzdiagnoseeinrichtung mit 18 km an Gleisen und 78 Weichen zu bauen. 2001 erhielt Rummelsburg eine weitere Triebzughalle mit drei Gleisen (250 m lang) für die Behandlung von ICE-Zugeinheiten der zweiten und dritten Generation. Diese ICE-Züge werden sämtlich hier gewartet.

Ruhig geworden ist es mittlerweile im
früheren Bw Lichtenberg

6. Der Berlin

Berlin-Schönefeld (rechts) ist der wichtig-
ste Bahnhof am südlichen Außenring.
Doch er hat an Bedeutung verloren, seit
die Fernzüge wieder Berlin durchqueren.
Oben: Dampfbetriebener S-Bahn-Zug
(„Sputnik") nach Werder (Havel), 1962.
Unten: „Schönefeld, der Zug endet hier!"
– Umsteigebetrieb im Jahre 1964

Berliner Außenring zwischen Glasower Damm und Berlin-Schönefeld Flughafen. Die gelben Signale künden als Baken das Hauptsignal an

Der Außenring
Verkehrsmagistrale rund um Berlin

Seit jeher war ein Eisenbahnring um Berlin geplant, weil dieser den innerstädtischen Verkehr von Zugfahrten ent-

lasten könnte, hauptsächlich wurde eine Verbindung zwischen den außen liegenden Rangierbahnhöfen gebraucht. Zwar berührten Güterzüge Berlin, jedoch nur der geringere Teil an Güterwagen war für die Stadt bestimmt, die meisten sollten auf den Rangierbahnhöfen außerhalb Berlins umgestellt werden. Für diese Rangierbahnhöfe wurden kurze Verbindungswege gebraucht. So begannen 1940 die Bauarbeiten am Güteraußenring, der teilweise und nur zwischen Großbeeren und Karow über Altglienicke und Springpfuhl fertig gestellt wurde. Die technische Begründung für einen vollständigen Außenring wurde nach 1945 zur politischen, denn nun hatten die Machtorgane in der sowjetischen Besatzungszone, später DDR, ein sehr großes Interesse daran, das durch das von den westlichen Alliierten besetzte West-Berlin, das an die westlichen Zonen, ab 1949 an die Bundesrepublik Deutschland, angelehnt war, zu umfahren, nicht nur im Güterverkehr, wichtiger noch mit Zügen des Personenverkehrs. Zweifellos bot der Ring auch im Betriebsablauf einige Verbesserungen. So konnten die Züge auf den Ring einfahren und beliebige Endbahnhöfe in der Stadt erreichen.

Am Berliner Außenring (BAR) wurde 1950 zu bauen begonnen, am 29. September 1956 war der 124,83 km lange Ring geschlossen. Die grundsätzlich zweigleisigen Strecken, 1978 und 1986 zwischen Flughafen Berlin-Schönefeld und Glasower Damm auch viergleisig ausgebaut, mit großen Radien und geringen Neigungen und fast ohne schienengleiche Übergänge berühren auch das Stadtgebiet, und zwar im Osten zwischen Berlin-Schönefeld Flughafen und dem Karower Kreuz, weil hier Anlagen des alten, bereits vorhandenen Güteraußenringes benutzt wurden. Zudem war das von den Außenringgleisen berührte Stadtgebiet seinerzeit fast unbebaut.

Dem Berliner Außenring kommt heute die ursprünglich gedachte Bedeutung zu: Entlastung der innerstädtischen Strecken und Erleichterung des Zugverkehrs zwischen den Berliner Bahnhöfen und den radial abgehenden Strecken. Für den Personenverkehr sind die quer durch die Stadt verlaufenden Gleise wichtiger, mehrere Umsteigepunkte, die von 1961 bis 1990 bei der Umfahrung Westberlins benutzt werden mussten, sind inzwischen bedeutungslos. Zudem hat der Güterverkehr nicht mehr den Umfang wie vor 1990.

Kein Zug fährt auf dem Außenring vollständig herum, das gelingt nur mit Sonderzügen, die den Ring gelegentlich auf dem Programm haben. Jedoch mit Zügen des Nahverkehrs können weite Abschnitte befahren werden, so dass mit geschickten Kombinationen die Umrundung fast vollständig gelingt. Manche Abschnitte führen durch eine öde, mitunter von Rieselfeldern geprägte Landschaft, es gibt aber auch Abwechslung, wenn Bahnhöfe durchquert, die zu Eisenbahnkreuzen gestalteten Abzweigstellen befahren werden, oder der Zug eine Wasserlandschaft berührt, wie im Süden Berlins oder bei der Überquerung des Templiner Sees bei Potsdam. Er bereitete wegen seines Untergrundes den Bahnbauern besondere Schwierigkeiten.

Die 140 m lange Brücke erlaubt den Schiffen die Durchfahrt und vom Zug aus eine großzügige Sicht auf den See. Vor und nach der Brücke wurden Dämme von 1110 m Länge angeschüttet, die Erdmassen gewann man aus dem benachbarten Einschnitt. Dicht an den Templiner See wurde der Bahnhof Potsdam Süd (später Hbf; heute Potsdam Pirschheide) neu gebaut, eine einfache, mit zwei Bahnsteigen versehene Betriebsstelle am Rande der Stadt.

Zu den interessanten Eisenbahnkreuzen gehören die Abzweigstelle Genshagener Heide, das Grünauer Kreuz, das Biesdorfer Kreuz und das Karower Kreuz. Jedoch auch an anderen Stellen lassen sich interessante Trassierungen entdecken wie bei der Abzweigstelle Glasower Damm, zwischen Bergfeld und Birkenwerder, am Bahnhof Wustermark oder Bahnhof Potsdam Wildpark.

Biesdorfer Kreuz:

Das Biesdorfer Kreuz entstand in den Jahren 1971 bis 1975. Die gesamte, aus mehreren Bogen und Abzweigungen bestehende, Eisenbahnanlage zu überblicken ist recht schwierig. Am besten ist der Standpunkt auf der Brücke der Märkischen Allee. Lohnend erscheint der Restaurantbesuch in einem nahe stehenden Möbelkaufhaus, das eine gute Sicht auf das Biesdorfer Kreuz erlaubt. Bei Biesdorf kreuzen die Strecken Berlin-Lichtenberg – Küstrin-

Kietz und die Strecke des Berliner Außenrings, also West-Ost mit Nord-Süd. Hinzu kamen Verbindungen zwischen diesen Eisenbahnstrecken und die S-Bahn-Strecke Berlin – Strausberg. Mit dem Aufbau von Wohngebieten in den Stadtteilen – später selbständigen Stadtbezirken – Marzahn und Hohenschönhausen wurden weitere S-Bahn-Linien gebaut, die die Gleisanlagen des Biesdorfer Kreuz berühren. Die Züge sollten sich soweit wie möglich nicht behindern. Bis zu seiner Fertigstellung gab es mehrere Zwischenzustände. Spundwände wurden in den Boden getrieben und viel Erdreich bewegt, da zahlreiche Dämme und Senken notwendig wurden. Im Ortsteil Biesdorf wurden für die neu zu verlegenden S-Bahn-Gleise der Strausberger Strecke mehrere Siedlungshäuser abgetragen. Da die S-Bahn die Fernbahngleise nicht niveaugleich kreuzen sollte, wurden Gleise des Berliner Außenringes gehoben, das S-Bahn-Gleis in eine neue Lage gebracht und teilweise abgesenkt. Auch wurde der S-Bahnsteig Friedrichsfelde Ost verlegt

(Inbetriebnahme: 6. September 1979). Für den innerstädtischen Verkehr von Bedeutung war die neue S-Bahn-Strecke, die Lichtenberg mit den Neubaugebieten verband. Eröffnet wurde der S-Bahn-Verkehr nach Berlin-Marzahn am 30. Dezember 1976. Die Linie ist nach Ahrensfelde verlängert worden, auch kam 1984 eine in Springpfuhl abzweigende Linie nach Hohenschönhausen, von 1985 an bis Wartenberg hinzu. Wichtig waren auch die zweigleisige Verbindungskurve Berliner Außenring – Lichtenberg und die Verbindung zwischen dem Bahnhof Berlin-Wuhlheide Rbf und Lichtenberg, da der Großteil der Fernzüge damals im Bahnhof Berlin-Lichtenberg begann, endete oder über diesen fuhr. Zwischen Berlin-Lichtenberg, Berlin-Wuhlheide Rbf, Berlin-Kaulsdorf und Berlin-Marzahn führen vier Streckengleise, die wahlweise benutzt werden können – eine große Verbesserung für die Disposition der Fernzüge. Weitere Erleichterungen brachte 1980 die ostwärts liegende Große Biesdorfer Kurve (Bikw – Biks),

Am Biesdorfer Kreuz fährt über die große Kurve der Zug mit Talgo-Schlafwagen zum Wriezener Bahnhof (1997)

da nunmehr zwischen Berlin-Lichtenberg und dem Außenring nach Süden ein weiteres Streckengleis benutzt werden konnte, ohne den Rangierbetrieb in Wuhlheide Rbf zu behindern.

Während der Baujahre wurden mehrere Stellwerksgebäude abgebrochen, dafür ein neues Stellwerk an der Kurve Fro – Bik aufgebaut. Das Gleisbildstellwerk steht nicht wie beim Grünauer Kreuz zwischen den Streckengleisen, sondern am Rande. Es wurde für die S-Bahn am 30. Dezember 1976, für die Fernbahngleise am 1. April 1978 in Betrieb genommen. Ihm zugeordnet sind die Bereiche (an den Abzweigstellen stehen Tafeln mit den Abkürzungen):

- Bahnhof Biesdorfer Kreuz Nord (Bkn; früher Bahnhof Berlin-Springpfuhl)
- Abzweigstelle Biesdorfer Kreuz Ost (Bko)
- Abzweigstelle Biesdorfer Kreuz Südost (Bkso, Einmündungsstelle von der Großen Biesdorfer Kurve in die Strecke Berlin – Kietz)
- Abzweigstelle Biesdorfer Kreuz Mitte (Bkm).
- Abzweigstelle Biesdorfer Kreuz Süd (Bks)
- Abzweigstelle Biesdorfer Kreuz Südwest (Bksw)
- Abzweigstelle Biesdorfer Kreuz West (Bkw)
- Bahnhof Marzahn
- Abzweigstelle Hohenschönhausen

Grünauer Kreuz:

Das im Süden Berlins liegende Grünauer Kreuz wurde 1951 fertig gestellt. Für den Besucher ist es noch schlechter als das Biesdorfer Kreuz einzusehen. Am besten verschafft man sich einen Blick auf Teile des Kreuzes aus Zügen in der Verbindung zwischen Berlin Ostbahnhof/-Lichtenberg und Berlin-Schönefeld Flughafen.

Auch hier kreuzt sich die Süd-Nord-Achse (ehemals Berlin-Görlitzer Bahn) mit der West-Ost-Achse (Berliner Außenring), und auch hier gibt es Verbindungen zwischen den Strecken (z. B. kann aus Richtung Königs Wusterhausen auf den Außenring gefahren werden, wenn das Zugziel die Bahnhöfe Lichtenberg oder Ostbahnhof ist) sowie zwei zweigleisige S-Bahn-Strecken.

Aus der einstigen Abzweigstelle Falkenberg war ein bedeutendes Betriebskreuz geworden, bei dem als vorletzte Streckenanbindung 1962 die zweigleisige S-Bahn-Strecke nach Berlin-Schönefeld Flughafen (heutige Bezeichnung) hinzukam.

1965 ist noch die Verbindung Adlershof – Wendenheide mit der im Bogen liegenden Brücke über das Adlergestell, eine wichtige nach Süden führende Ausfallstraße, in Betrieb genommen worden. Die verschlungenen, meist auf Dämmen liegenden Schienenstränge überragt ein Stellwerksgebäude, das als Ausnahme zur nach dem Krieg beginnenden Mittelmäßigkeit von Eisenbahnbauten in Berlin gilt. Strottmeister entwarf das sieben Etagen hohe Bauwerk für Gleisbildtechnik, das den Eisenbahnern eine gute Sicht auf den Zugverkehr ermöglicht.

Die obere Etage ist dem Fahrdienstleiter für die S-Bahn, die darunter liegende dem Fahrdienstleiter für die Fernbahn vorbehalten.

Genshagener Heide:

Lebhaften Zugverkehr hat es am Stellwerk vom Bahnhof Genshagener Heide immer gegeben, führt doch am Fenster des Fahrdienstleiters nicht nur der südliche Teil des Berliner Außenrings vorbei, sondern kreuzt am Gebäude mit einem Durchlass unter dem Ring eine zweigleisige Strecke.

Er sieht auch die eingleisige Verbindung Gho vom Außenring in Richtung Jüterbog (Halle/Leipzig) kurz vor dem Bahnhof Ludwigsfelde. Die unten liegende Strecke war die Anhalter Bahn über Teltow nach Berlin zum Anhalter Bahnhof, die 1952 zwischen Teltow und Lichterfelde unterbrochen wurde. Der

Bahnhof Genshagener Heide besitzt Kreuzungs-/Überholungsgleise und seit 1958 eine eigenartige Gleisschleife, spöttisch „Kramer-Kurve" und offiziell „Lange Kurve" genannt. Angeblich hatte der damalige Generaldirektor der Deutschen Reichsbahn, Erwin Kramer, auf einer Landkarte mit dem Stift einen Gleisbogen gezogen und so den Bau der Kurve angewiesen. Sinn dieser Kurve war es, von Berlin in Richtung Halle sowie von Halle in Richtung Potsdam/Seddin fahren zu können, ohne den Zugverkehr auf dem Berliner Außenring zu behindern.

Seit April 1999 ist das über dem Außenring stehende Stellwerksgebäude ungenutzt. An anderer Stelle des Bahnhofs gibt es mit einem elektronischen Stellwerk den „Fahrdienstleiter-Arbeitsplatz der Betriebszentrale Berlin-Pankow".

Karower Kreuz:
Noch auf Stadtgebiet liegt das Karower Kreuz. Durch dieses führt eine zweigleisige Strecke in der Süd-Nord-Richtung, es ist die ehemalige Stettiner Bahn, und sie wird seit 1952 in West-Ost-Richtung vom Berliner Außenring gekreuzt. Es gibt Verbindungskurven zwischen der Süd-Nord-Achse und dem Außenring. Zu dem Kreuz gehören zudem noch zwei zweigleisige S-Bahn-Linien, eine zwischen Berlin und Bernau, die andere als Bogen zwischen der Stadt zum Außenring in westlicher Richtung, zwischen Berlin-Blankenburg und Schönfließ. Hinzu kommt noch die Strecke von Berlin-Blankenburg nach Basdorf, die in Karow nach Westen abzweigt. Diese Strecke wurde auf dem alten Gü-

teraußenring als Ersatz für die Verbindung Berlin-Wilhelmsruh – Basdorf benutzt, die zur Niederbarnimer Eisenbahn gehörte. Der Bahnhof Wilhelmsruh lag in Westberlin, und so war der Zugverkehr auch für diese Verbindung vom Mauerbau betroffen. Vom heutigen Karower Kreuz lag bis zum Bahnhof Springpfuhl ein Streckengleis des Güteraußenringes, das 1956 durch eine neue eingleisige Strecke für den Berliner Außenring ersetzt wurde (später zweigleisig ausgebaut).

Mit dem Mauerbau 1961 wurde die S-Bahn-Verbindung vom Berliner Stadtzentrum nach Oranienburg unterbrochen, die S-Bahn-Züge pendelten nur zwischen Oranienburg und Hohen Neuendorf. Mit mehreren Baumaßnahmen wurde der S-Bahn-Betrieb zwischen Berlin-Blankenburg und Hohen Neuendorf und weiter nach Oranienburg möglich. Dafür war u. a. im Hohen Neuendorfer Forst eine zweigleisige Strecke für die Verbindung Abzweigstelle Bergfelde – Hohen Neuendorf gebaut worden, als „Kramer-Trompete" bekannt. Zwischen der Abzweigstelle Karow und Bergfelde benutzten die S-Bahn-Züge die Gleise des Berliner Außenrings, die mit Stromschienen ausgestattet wurden.

Die zwischen Warschauer Straße und Oranienburg pendelnden S-Bahn-Züge hatten Vorrang und behinderten den Fernverkehr. Deshalb wurde 1984 eine eigene S-Bahn-Strecke vom Karower Kreuz bis zur Abzweigstelle Arkenberge zweigleisig, dann eingleisig, in Betrieb genommen.

Als die Stadtbahn noch nicht elektrifiziert war: Ein S-Bahnzug der Reihe 477 verläßt 1994 den Bahnhof Friedrichstraße westwärts. Einst verstellten dort Sichtblenden den Blick

6. Erlebniszie
Berlin und im

le in
Umland

Fahrt ins Blaue: Mit der S-Bahn „jeht's ins Jrüne" ... oder auch einmal ins Blaue (Havelbrücke Hennigsdorf, 1998)

Landwehrkanal an der Trebbiner Straße: Turm und „Rosinenbomber" sollen auf das Deutsche Technikmuseum aufmerksam machen

Deutsches Technikmuseum

Eisenbahn-Exponate am Anhalter Güterbahnhof

Zunächst eröffnete das Museum für Verkehr und Technik im Jahre 1983 seine ersten Ausstellungen in Gebäuden der ehemaligen Markt- und Kühlhallengesellschaft.

Das Museumsangebot wuchs und so übernahm es die Lokomotivschuppen vom ehemaligen Anhalter Bahnhof, beispielsweise für Exponate der Eisenbahn, des Wasserbaus und der Schifffahrt.

Allein die Eisenbahnausstellung wird heute auf einer Fläche von 6000 m² gezeigt. Nach Instandsetzung zweier Ringlokomotivschuppen für 19 Stände von 1876 und für 21 Stände von 1929 einschließlich der Drehscheiben nach dem Zustand von 1952, des Beamtenwohnhauses und des 30 m hohen Wasserturms aus dem Jahre 1907 ist vorgesehen, auch den Potsdamer

INFO

Einige Exponate

• Erste Elektrolokomotive, die Siemens 1879 auf der Berliner Gewerbe-Ausstellung vorführte, Nachbau 1980

• Dampflokomotive „Beuth" der Berlin-Anhalter Bahn, Borsig, Fabriknummer 24, Baujahr 1842; Original-Nachbau zum 75-jährigen Bestehen der Firma Borsig im Jahre 1912

• Preußische Omnibus-Lokomotive T 0 „Hannover 1907", Henschel, Fabriknr. 1602, Baujahr 1883

• Elektrischer Lokalbahn-Triebwagen der Localbahn AG München Nr. 505, MAN, Baujahr 1898

• E-Lokomotive der Rhätischen Bahn 391, SLM Winterthur, Baujahr 1913

• Preußische E-Lokomotive „Halle 528" (DR E 71 28), AEG Berlin, Baujahr 1922

• E-Lokomotive 3, von 1904 an für Versuche auf der Strecke Marienfelde – Zossen benutzt, danach geteilt und für eine Werkbahn in Spandau eingesetzt (1 Teil), Siemens & Halske, 1922 (Teilung)

• Zahnrad-Lokomotive DR 97 504 für Strecken in Württemberg. Eßlingen, Fabriknummer 4142, Baujahr 1925

• E-Lokomotive DR E 19 01. AEG, Fabriknummer 5000, Baujahr 1938

• Güterzug-Lokomotive DR 50 001. Henschel, Fabriknummer 24355, Baujahr 1939

• Schnellzug-Lokomotive DB 01 1982, Berliner Maschinenbau AG (Schwartzkopff), Fabriknummer 11338, Baujahr 1940

• E-Lokomotive DR 244 131 (vorher DR E 44 131), Baujahr 1942 – 1944

• Diesel-Lokomotive mit Drehstrom-Leistungsübertragung DE 2500 (DB 202 003). Henschel, Baujahr 1973

• 100 000 Fahrkartenmuster verschiedener Eisenbahnen (1906)

• S-Bahn-Station Berlin Potsdamer Platz als Aufschnittsmodell

Güterbahnhof mit seinen zwei Güterschuppen zu benutzen und das gesamte Gebäudeensemble bis zum Landwehrkanal für das Museum auszubauen. Auf dem Gelände des Anhalter Güterbahnhofs befindet sich das physikalische Versuchsfeld Spectrum, in dem man Geräte und Maschinen arbeiten sieht und selbst Experimente ausführen kann.

Seit 21. März 2001 ist der größte Museums-Neubau Deutschlands mit 12.000 m² Ausstellungs- und 20.000 m² Gesamtnutzfläche für die Luft- und Schifffahrt, das Historische Archiv und die Bibliothek geöffnet (Grundsteinlegung war 1996). Das Deutsche Technikmuseum zeigt in Ausstellungsbereichen Exponate der Eisenbahn, der Luftfahrt, der Autoindustrie, Rechentechnik – neben modernen Geräten auch den Nachbau des Z1-Rechners von Zuse, die Druck- und Papiertechnik, Modelle zur Schifffahrt einschließlich Kanalbauten, Gegenstände der Textiltechnik und Energieerzeugung sowie der Uhrenherstellung und zur Fotografie.

Umschlagplatz Gbf. Neukölln. Auch die DB-„Ludmilla" ist eifrig dabei...

Neukölln-Mittenwalder Eisenbahn

Die „Müllbahn" vom Teltowkanal nach Neukölln

1,3 Millionen t Güter bewegt jährlich die Neukölln-Mittenwalder Eisenbahn (NME). Das ist hauptsächlich Müll vom Bahnhof Teltowkanal zum Güterbahnhof Neukölln (wo es mit Lokomotiven der Deutschen Bahn weiter nach Schö-

Bahnhof Berlin-Neukölln. Zwei Lokomotiven der Neukölln-Mittenwalder Eisenbahn vor Wagen mit Erdreich vom Tunnelaushub des Lehrter Bahnhofs

neicher Plan, teilweise auf S-Bahn-Gleisen, geht), das sind Kohlezüge für das Kraftwerk Rudow sowie Kalk- und Gipstransporte zum und vom Kraftwerk wie auch Güterwagen zu verschiedenen Anschlusbahnen. Ursprünglich hieß die Bahn mit der Betriebslänge von 27,10 km „Rixdorf-Mittenwalder Eisenbahn" (RME), denn bei der Gründung hieß Neukölln noch Rixdorf. In der Woche war der Güterverkehr zwischen Rixdorf und Mittenwalde das Hauptgeschäft, denn dort gab es Ziegeleien, später wurde der Berliner Müll in die erschöpften Tongruben gefüllt. Am Sonntag fuhren die Berliner mit der RME ins Grüne. Nach dem Zweiten Weltkrieg verlor die NME sukzessive ihr Eigentum außerhalb Westberlins, zuletzt 1948. Sie musste sich mit Transporten im amerikanischen Sektor begnügen. Heute ist sie voll im Geschäft und den Rangierbetrieb mit den MaK-Diesellokomotiven kann man am Bahnhof Neukölln beobachten (siehe u. a. Hermannstraße).

Der M-Bahn-Fahrweg führte über den Rand des Potsdamer Platzes (1991)

Das war die M-Bahn...

Nahverkehrs-„Transrapid" für Berlin

Beabsichtigt war, den Transrapid zwischen Hamburg und Berlin schweben zu lassen, als Endpunkt oder zumindest Zwischenstation war der Lehrter Bahnhof gedacht. Den Plan gibt es nicht mehr. In Berlin fuhr aber schon Magnettechnik – die M-Bahn. Elektromagnetische Ströme ließen die jeweils 9 t schweren Kabinen mit 28 Sitzplätzen schweben und trieben die Bahn bis zu maximal 80 km/h voran. Rollen hielten die Spur.

1984 war die erste Baustufe mit 600 m Fahrbahn für den nichtöffentlichen Testbetrieb fertig gestellt, am 28. August 1989 begann der Fahrgastbetrieb auf 1,6 km langer Fahrbahn zwischen dem U-Bahnhof Gleisdreieck und dem M-Bahn-eigenen Bahnhof Kemperplatz, dabei teilweise die Trasse der U-Bahn-Linie Pankow – Ruhleben mitnutzend, auf der seit dem Mauerbau keine Fahrten zwischen Thälmannplatz (heute Mohrenstraße) und Wittenbergplatz mehr stattfanden. Als nach dem Mauerfall der Abschnitt Mohrenstraße – Gleisdreieck wieder herzustellen war, wurde die M-Bahn zum „Opfer der deutschen Einheit". Sie wurde demontiert und nach Schönefeld verbracht, gedacht für die Verbindung Bahnhof – Flughafen. Das war das Ende, denn ADtranz verschrottete sie da 1994 still und heimlich.

M-Bahn am U-Bahnhof Gleisdreieck vor dem ehemaligen Gebäude der Reichsbahndirektion Berlin (1991)

600 mm ist die Spurweite der Parkeisenbahn Berlin

Die Berliner Parkeisenbahn
Eisenbahn-Erlebnis zum Anfassen

Gegenüber des Bahnsteigs vom S-Bahn-hof Wuhlheide beginnt die 7,5 km lange Strecke der Berliner Parkbahn in der Wuhlheide mit sechs Bahnhöfen. Kinder unter Aufsicht von erfahrenen Eisenbahnern erledigen die Tätigkeiten, wie sie im Eisenbahnbetrieb üblich sind, in den Zügen und auf den Bahnhöfen mit fünf Stellwerken, 19 Weichen, 14 Signalen und 10 Schranken.

Am 1. Juni 1956 war die kleine Eisenbahn als Pionierbahn mit einer Gesamtlänge von 6,5 km mit der Spurweite von 600 mm eröffnet worden. Nach der politischen Wende 1989 lebte sie als Parkeisenbahn weiter. Die spannende Freizeitbeschäftigung für die Kinder blieb und die Bahn lädt Kinder wie Erwachsene zu Rundfahrten durch den Waldpark Wuhlheide mit Kinder- und Jugendfreizeitzentrum sowie Freilichtbühne ein. Die Züge fahren von der Station Wuhlheide – der Anschluss vom S-Bahnhof zur Station Badsee existiert erst seit 15. Oktober 1993 – in einem Rundkurs, für den es ein großes Oval gibt, das sich aus drei kleinen Ovalen zusammensetzt. Eine Werkstatt, als Bahnbetriebswerk bezeichnet, steht an einer Außenstrecke. Das

Stellwerk Bs ist, nachdem es als mechanisches in Betrieb ging, heute ein Gleisbildstellwerk. Es fahren die Diesellokomotiven 199 101 und 199 102 des Typs V10C und als Reserve eine vom Typ Ns4 (Baujahre 1957 bis 1971). In den Sommerwochen setzt die Parkeisenbahn auch die 1956 in Babelsberg gebaute Lokomotive „Siegfried" ein. Zu besonderen Anlässen fahren bis zu vier Dampflokomotiven: die „LOWA 44" (Baujahr 1950), ursprünglich eine Trümmerlokomotive, die Lokomotive „Merapi" als Leihgabe der Dampf-Kleinbahn Mühlenstroth (Baujahr 1925), die einst in Java auf der Zuckerrohrplantage fuhr, und als dritte Dampflokomotive, ebenfalls aus Mühlenstroth, die „Arthur Koppel" (Baujahr 1936). Die Vierte ist die „Luise" (Baujahr 1952), die von einem Privatmann aus Polen geholt wurde. Die Wagen stammen hauptsächlich von Kleinbahnen in Vorpommern.

Die Berliner Parkeisenbahn ist 1993 aus der Obhut der Deutschen Reichsbahn „entlassen" worden und konnte sich nur kurze Zeit der finanziellen Unterstützung durch den Berliner Senat sicher sein. Sie lebt von Spenden und Sponsorgeldern.

Ziegeleibahn Mildenberg
Feldbahn für Besucher

Auf ebenem Lande, nördlich von Berlin, erstreckt sich das riesige Areal des Ziegeleiparks Mildenberg, wohl Europas größtes Ziegeleigebiet. Es entstand zur Wende vom 19. zum 20. Jahrhundert in dieser Größe, weil die Reichshauptstadt eine enorme Nachfrage nach Ziegeln hatte. Das Tonvorkommen war zufällig beim Bau der Eisenbahnstrecken entdeckt worden. Während sich andere Lagerstätten erschöpften, war hier so viel an Ton vorhanden, dass mehrere Großziegeleien mit 57 Ringöfen entstanden.
Nach 1945 war Mildenberg der größte Ziegelproduzent der DDR, bis mit den Betonplattenhäusern der Bedarf zurückging. 1991 endete die Ziegelherstellung. Für die Transporte nach Berlin konnte gut die nahe vorbeifließende Ha-

vel benutzt werden. Innerhalb des Geländes fuhr die Ziegeleibahn, eine Feldbahn mit 500 mm Spurweite. Es gibt auch Spurweiten von 630 und 750 mm.
Jede Ziegelei besaß eigene Gleise, zwischen den Ziegeleien lagen kräftige Feldbahnstrecken.
Von der Bahn waren Rohlinge, Ziegel, Ziegelbruch und Kohle zu befördern, heute fährt sie mit überdachten Loren die Besucher in 45 Minuten auf 3 km Strecke durch den Ziegeleipark. Stationiert sind drei Lokomotiven des Typs Ns2, drei des Typs Ns1 sowie eine Dampflokomotive und 30 Tonloren und 27 Ziegeleibahnwagen. Man reist mit der Eisenbahn am besten bis zum Bahnhof Zehdenick an und fährt mit der Buslinie 838 weiter.

Ausbesserungswerk Schöneweide
S-Bahn Werkstatt und Simulator-Basis

Am 27. Oktober 1927 ging das Ausbesserungswerk Berlin-Schöneweide auf einem 22 500 m² großen Areal für die S-Bahn-Fahrzeuge in Betrieb, während die Lokomotivschuppen in Westend und Lichtenberg-Friedrichsfelde zu Triebwagenschuppen umgebaut wurden. Neue Triebwagenhallen für die S-Bahn wurden in Tempelhof, in Erkner und an anderer Stelle gebaut. Nach der Erweiterung im Jahre 1931 besaß das Ausbesserungswerk fünf Hallen. Von 1954 an sind hier nicht nur die S-Bahn-Wagen untersucht, ausgebessert oder umgebaut worden, das Werk erhielt auch die U-Bahn-Fahrzeuge und Straßenbahnen des Ostberliner Nahver-

kehrs, war außerdem für die Fahrzeuge der Oberweißbacher Bergbahn (Thüringen) und der Strecke Müncheberg (Mark) – Buckow (Märkische Schweiz) zuständig.
Anfang der neunziger Jahre wurden wie einst nur noch S-Bahn-Fahrzeuge zugeführt. Außerdem werden seit 1997 an zwei Fahrsimulatoren Triebfahrzeugführer der S-Bahn und Lokführer für die Drehstrom-Lokomotiven der Baureihen 101, 145 und 152 ausgebildet. In der Hauptwerkstatt befindet sich der Schlepptriebwagen 478 008, „Jumbo" genannt. Das einstige Reichsbahn-Ausbesserungswerk heißt heute „Hauptwerkstatt S-Bahn".

Straßenbahn der Superlative

Das Tram-Netz der Berliner Verkehrsbetriebe

Die Geschichte der deutschen Straßenbahnen orientiert sich eng an der Geschichte des Berliner Nahverkehrs. Im Juni 1865 fuhr die erste deutsche Pferdebahn zwischen Berlin und Charlottenburg. 1879 ließ Werner Siemens in Moabit die erste elektrische Lok fahren, ihr folgte 1881 die erste elektrische Straßenbahn in Lichterfelde. Fortan war die Elektrizität auf dem Vormarsch. Von 1896 bis 1902 elektrifizierte die AEG das gesamte innerstädtische Netz. 1920 entstand dann durch Eingemeindungen Groß-Berlin und damit ein einheitlicher Straßenbahnbetrieb. Diesen führte Ende 1928 der damalige Verkehrsstadtrat Ernst Reuter mit Bus und U-Bahn zu den Berliner Verkehrsbetrieben (BVG) zusammen.

Die Teilung Deutschlands und Berlins brachte 1949 die Teilung auch des Verkehrsbetriebes – ein Schicksal, das kein anderes deutsches Trambahnunternehmen erleben musste. Die Folgen der Trennung schlugen sich nachhaltig im Verkehrswesen nieder: 1967 verabschiedete der Westteil seine Straßenbahn, um vorerst U-Bahn und Bus zu huldigen, während im Ostteil ähnliche Absichten wirtschaftlich nicht umsetzbar waren und ab 1975 ein stetiger Netzausbau stattfand, vor allem in die Neubaugebiete Marzahn, Hohenschönhausen und Hellersdorf.

Seit der Wiedervereinigung gehören getrennte Wege der Geschichte an. Nach wie vor besteht der größte Straßenbahnbetrieb der Republik in Berlin, obwohl er sich bisher erst recht zaghaft in die westlichen Bezirke vortastet. Mehrere Neubaustrecken haben zu einer Vergrößerung des Liniennetzes beigetragen, weitere Ausbauten sind geplant. Herausragende Ereignisse waren die schrittweise Verlängerung in den Bezirk Wedding zwischen 1995 und 1997 und damit die Rückkehr der Straßenbahn in die ehemaligen „West"-Bezirke sowie der Wiederanschluss des Alexanderplatzes Ende 1998. Es gibt in Berlin zahlreiche faszinierende Fotomotive, wenn auch die Freunde älterer Technik zu spät kommen – zumindest, was den Plandienst betrifft. Seit 1998 sind ausschließlich modernisierte Tatras und

INFO

Zahlen + Daten

Eröffnet	22. Juni 1865 (Pferdebahn)
	16. Mai 1881 (elektr. Tram)
	5. Mai 1886 (Dampfbahn)
Spurweite	1.435 mm
Streckenlänge	181,6 km
Linienlänge	348 km
Triebwagen	538,
	davon 388 Tw Tatra KT4D,
	150 Tw Niederflur
Beiwagen	4 Bw Tatra
Sonderfahrzeuge	4 Arbeitsfahrzeuge
Historische Fahrzeuge	25 Triebwagen,
	20 Beiwagen
Fahrgastzahl	77,1 Mio. (Jahr)
	(Verkehrsbetriebe gesamt)
Mitarbeiter	16.624 (1998; VB ges.)
Info	Berliner Verkehrsbetriebe
	Potsdamer Straße 188, 10783 Berlin
	Tel. 0 30/1 94 99 (Callcenter)
	http://www.bvg.de
Historische	Fahrzeuge
	Denkmalpflege-Verein Nahverkehr Berlin e.V.
	Nalepastraße 215, 12459 Berlin
	Tel. 030 /25 63 38 80 od. 030 /70 52 949
	Internet: www.dvn-berlin.de

In Berlin-Mitte fährt die Straßenbahn an der großen Synagoge in der Oranienburger Straße vorbei

neue Niederflurwagen im Einsatz, die sich mit ihrer gelben Lackierung von den Vorgängertypen deutlich unterscheiden. Während der wärmeren Jahreszeit wird monatlich eine Themenfahrt mit historischen Wagen angeboten. An den Sonnabenden empfiehlt sich ein Besuch der Wagenhalle Schmöckwitz (Linie 68). Hier stehen ausgewählte historische Wagen, von denen einige restauriert werden. Der größte Teil der Sammlung befindet sich in Niederschönhausen, hier wird um Voranmeldung gebeten.

Einen Besuch lohnen stets die Außenstrecken in Pankow und Köpenick. Die neuen Gleise über den Alexanderplatz und rund um den Hackeschen Markt üben ebenfalls einen unwiderstehlichen Reiz aus. Nach einigen Jahren Abstinenz fährt man zudem wieder planmäßig mit Zweirichtungswagen: Am U-Bahnhof Warschauer Straße wird über eine Spitzkehre gewendet, eine spätere Verlängerung dieser Strecke ist angestrebt.

Seit Herbst 2001 ist die Wissenschaftsstadt Adlershof mit der Straßenbahn erreichbar sein, für 2002 plant man eine Verbindung von der Prenzlauer Allee

zum Alexanderplatz sowie eine Teilstrecke in die Bernauer Straße. Weitere baureife Projekte schlummern in den Schubladen, so soll der neue Zentralbahnhof am Standort des früheren

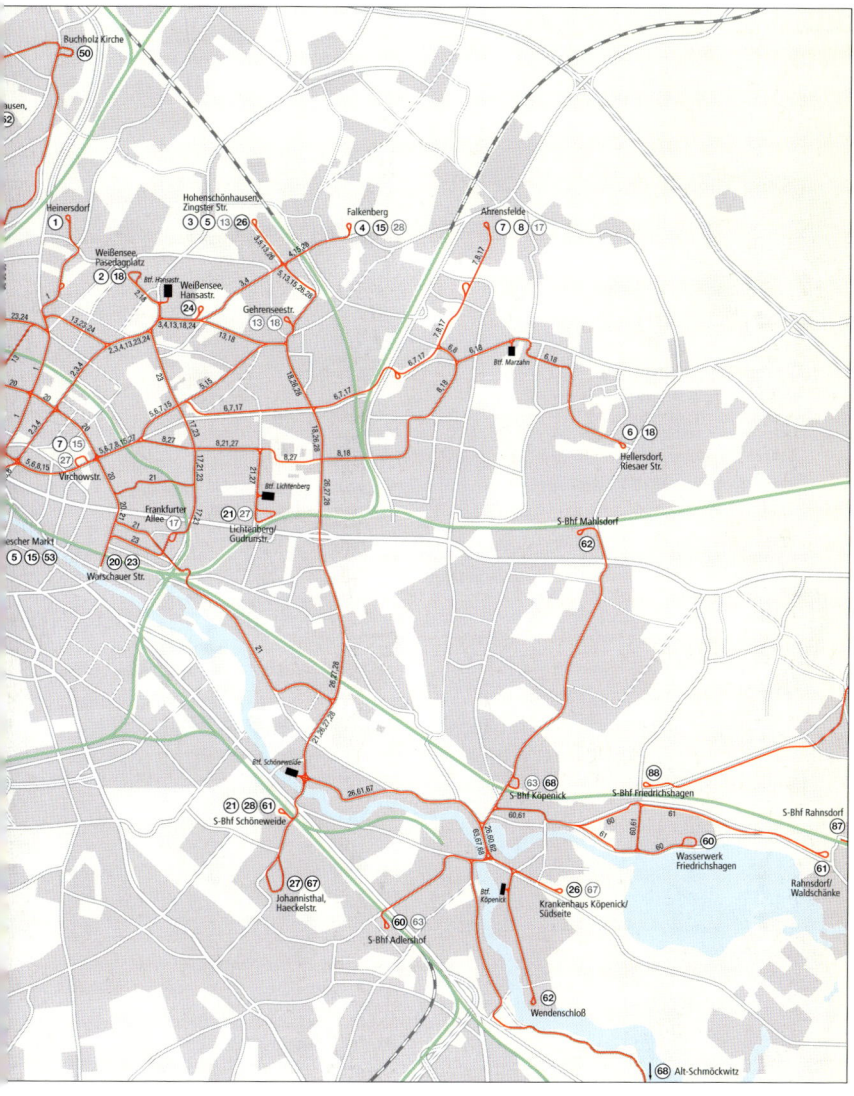

Lehrter Bahnhofs auch einen Straßen-
bahnanschluss erhalten. Ebenso wurden
in der Leipziger Straße wieder Gleise
für eine künftige Neubaustrecke verlegt.
Eine Rückkehr der besonderen Art:

Hier fuhr bis 1970 schon einmal eine
Straßenbahn, vor dem Zweiten Weltkrieg war dies die am stärksten befahrene Straßenbahnstrecke in Berlin überhaupt.

In verkehrsschwachen Zeiten schickt man in Strausberg die Reko-Wagen auf die Strecke, wie hier am Lustgarten

Strausberger Eisenbahn
Seit 1921 im Besitz der Stadt

INFO
Zahlen + Daten

Eröffnet	16. Aug. 1893 (Pferd)
	18. März 1921 (elektr. Tram)
Spurweite	1.435 mm
Streckenlänge	9 km
Linienlänge	6 km
Triebwagen	6, davon 3 Reko, 3 Tatra
Beiwagen	2 Reko
Sonderfahrzeuge	1 Arbeitstriebwg., 2 Loren
Historische Fahrzeuge	1 Triebwagen
Fahrgastzahl	1,2 Mio. (Jahr)
Mitarbeiter	24
Tageskarte	Haustarif nur Einzelfahrten
	sonst Berlin ABC bzw. BC
Info	Strausberger Eisenbahn GmbH
	Walkmühlenstraße 29, 15344 Strausberg
	Tel. 0 33 41 / 34 390

Strausberg, die Stadt an den Seen, liegt östlich von Berlin an der Hauptbahn nach Küstrin-Kietz. Die Stadt mit 28.000 Einwohnern besitzt bis heute eine eigene Eisenbahn. Erstmals fuhr am 17. August 1893 die „Strausberger Eisenbahn" die 6,2 km lange normalspurige Strecke vom Stadt- zum Staatsbahnhof. Für sie waren zwei Lokomotiven, vier Personen- und ein Güterwagen gekauft worden. 1921 wurde die Strecke elektrifiziert (Gleichstrom 750 V, seit 1995: 600 V). Dass die Strausberger Eisenbahn nicht von der Enteignungswelle für Privatbahnen in der DDR berührt wurde, lag daran, dass die Stadt Strausberg alleiniger Eigentümer war und das glaubhaft geltend machen konnte. Zwei E-Lokomotiven besorgten den Güterverkehr, während von Straßenbahnbetrieben – überwiegend aus Leipzig - übernommene ältere Fahrzeuge den Personenverkehr zwischen

STRAUSBERG
1435 mm

Einmalig in Deutschland: der Einsatz des Triebwagens vom Typ KT 8 aus tschechischer Produktion, im Bild oben auf der Fahrt in der Vorstadt

Bahnhof und Stadt auch dann besorgten, als 1955 die S-Bahn-Strecke über den Bahnhof Strausberg hinaus nach Strausberg Nord verlängert wurde. Der Güterverkehr für die beiden E-Lokomotiven war bis 1990 beachtlich, weil sich in Strausberg nicht nur Kasernen der sowjetischen Armee, sondern seit 1956 auch die Einrichtungen des Ministeriums für Nationale Verteidigung der DDR befanden, für die Baustoffe und Brennstoffe zu fahren waren. Seit 1970/74 besitzt die Eisenbahn zwei in Hennigsdorf gebaute Lokomotiven. Für den Personenverkehr setzt sie Triebwagen ein, die sie 1995 als Typ GT8ZR von der Kosicer Straßenbahn (Slowakei) übernahm. Außerdem gibt es als Mu-

seumsfahrzeug den Uerdinger Triebwagen aus dem Jahre 1925.

Strausberg liegt nicht an einer RE-Linie, man hat die Wahl zwischen Regionalbahnen, die in Berlin-Lichtenberg abfahren, oder S-Bahn-Zügen der Linie Berlin-Spandau – Strausberg. Strausberg hat außer der eigenen Eisenbahn noch eine Sehenswürdigkeit aufzuweisen. Es ist die elektrisch betriebene Fähre über den Straussee (an der Haltestelle Lustgarten) im Eigentum der Strausberger Eisenbahn. Der Antriebsstrom wird mit einer Laufkatze aus der Oberleitung entnommen, als Rückleitung dient das Führungsseil, an dem die Fähre über den See geführt wird.

Die elektrische Stichbahn nach Buckow (Märk Schweiz) war eine Rarität

Museal nach Buckow?
Mini-Bahn mit Oberleitung

Buckow liegt in einem 40 km² großen Landschaftsschutzgebiet am Rande der Barnimer Hochfläche. Zur Stadt gehört der Schermützelsee, an dessen Ufer das Sommerhaus von Bertolt Brecht steht, heute als Gedenkstätte offen. Das eigenartige, zerklüftete Landschaftsbild mit Wäldern und Seen zieht die Sommerfrischler aus der Großstadt Berlin an. Die Eisenbahnstrecke nach Küstrin führte jedoch im Abstand von 5 km an Buckow vorbei. So erleichterte die 1897 eröffnete Schmalspurbahn (Spurweite 750 mm) von Müncheberg nach Buckow die Anreise. 1930 wurde eine neue normalspurige, mit 750 V Gleichstrom elektrifizierte Strecke eröffnet. Den Strom lieferte das Unterwerk im Bahnhofsgelände von Buckow. Die Gleichrichtung besorgten zwei Quecksilberdampfgleichrichter, der Strom ging weiter über Erdkabel zur Fahrleitung. Die Fahrt nach Buckow (Märk Schweiz) mit Umsteigen in Müncheberg (Mark) und weiter auf der 4,9 km langen Stichbahn mit den elektrischen Zügen war immer ein kleines Erlebnis. Wo gab es das schon: eine Strecke mit nur zwei Stationen (Waldsieversdorf und

Buckow) und mit elektrischem Betrieb? Damit war 1998 Schluss, weil sich der Stichbahnbetrieb „nicht mehr rechnete". Die Hoffnung, dass wieder Eisenbahnzüge in die Kleinstadt Buckow kommen, ist nicht aufgegeben. Der Verein „Museumsbahn Buckower Kleinbahn" (MBK) will die Eisenbahnanlage in eine Museumsbahn umwandeln, die auch für die Anwohner fährt. Noch ist das Vision, aber vielleicht hat der Berlin-Besucher bald Glück, wieder auf Schienen bis nach Buckow reisen zu können.

Die Stadt erreicht man heute mit dem Autobus entweder vom Bahnhof Müncheberg (Mark) oder vom Bahnhof Strausberg aus. Der Bus hält am Markt. Zum Bahnhofsgelände geht es bergan. Die Besichtigung des stillgelegten oder inzwischen wiedereröffneten Bahnhofs kann man vielleicht mit einer Fahrt ins Oderbruch verbinden, indem man von Müncheberg (Mark) weiter bis nach Kietz-Küstrin fährt. In Werbig ist auch Anschluss an Züge nach Bad Freienwalde – Eberswalde oder nach Frankfurt (Oder), und von da kommt man immer rasch wieder nach Berlin.

An der Strecke (Eberswalde -) Britz (Kr Eberswalde) - Templin liegt der Haltepunkt Werbellinsee. Er gilt als "Kaiserbahnhof", denn bis hierher fuhren Majestät, wenn sie zum Jagdschloß Hubertusstock in der Schorfheide wollten

Die Niederbarnimer Eisenbahn
Seit 1901 gibt es die „Heidekrautbahn"

Die später nach Landschaft und Landkreis benannte Eisenbahn wurde 1901 als Reinickendorf-Liebenwalder-Groß Schönebecker Eisenbahn eröffnet und 1934 in Niederbarnimer Eisenbahn umbenannt. Für den Berliner heißt sie kurz und bündig nur „Heidekrautbahn", denn sie fährt in Richtung Schorfheide, übers flache Land, das mit abwechslungsreichen Wäldern, Seen und Kanälen besetzt ist. 1950 übernahm die Deutsche Reichsbahn die Betriebsführung auf der Heidekrautbahn.

Die Mauer unterbrach die Strecke zwischen Berlin-Wilhelmsruh und Berlin-Blankenfelde.

Für Züge nach Liebenwalde und Groß Schönbeck baute die Deutsche Reichsbahn einen provisorischen Bahnsteig in Berlin-Blankenburg, später begannen die Züge in Berlin-Karow am Bahnsteig der S-Bahn. Die Strecke zur Heidekrautbahn war vorhanden, denn schon 1950 hatte die Deutsche Reichsbahn eine Verbindung von Berlin-Karow über Basdorf und Wensickendorf nach Fichtengrund [bei Oranienburg] als Entlastungsstrecke für den nördlichen Außenring eingerichtet. Während diese Verbindung ab Wensickendorf 1995 außer Betrieb ging, ist es bis heute dabei geblieben, dass man nach Basdorf von Berlin-Karow aus fährt. 1998 wurde die Bahn wieder dem alten Besitzer übertragen (es war genauer eine „Rückabwicklung"), die Deutsche Bahn fährt aber weiterhin die Züge.

Am 1. Juli 2000 wurde die Niederbarnimer Eisenbahn auch Eigentümer des 11,348 km langen Abschnitts Berlin-Karow – Abzweigstelle Schönwalde. In Basdorf gabelte sich die Strecke nach Liebenwalde und nach Groß Schönbeck. Dieser Bahnhof ist das „Zentrum" der Bahn mit einem Triebwagenschuppen, in dem die Berliner Eisenbahnfreunde (BEF) im Jahre 2000 mit über 40 historischen Schienenfahrzeugen und anderen Geräten das „Heidekrautbahnmuseum" einrichteten.

Beim westlichen Streckenast stellte die Deutsche Bahn 1997 den Zugverkehr zwischen Wensickendorf und Liebenwalde ein. Das Land Brandenburg hatte den Verkehr nicht mehr bestellt, auch wären zwei Brücken zu erneuern gewesen. Von der Heidekrautbahn mit einst 62,17 km Länge werden nur noch 34,4 km genutzt. Auf dem anderen Ast nach Groß Schönebeck kann man immer noch mit Zügen in die Heide fahren; es werden Betriebsanlagen erneuert, auch an neue Triebwagen ist gedacht. 1998 schlossen Deutsche Bahn und Niederbarnimer Eisenbahn einen unbefristeten Verkehrsvertrag ab, nach dem die Deutsche Bahn gegen eine Trassengebühr den Regionalverkehr betreibt.

Die Heidekrautbahn ist die bevorzugte Strecke für den Verein der Berliner Eisenbahnfreunde, die ihre Sonderzüge fahren und dabei die alte Strecke von Berlin-Wilhelmsruh nach Basdorf benutzen. Auch die Fahrt mit dem Regelzug von Berlin-Karow hat ihren Reiz, geht es doch durch eine abwechslungsreiche Landschaft. Halt macht der Zug auch in Wandlitz. Der Name war nach 1989 in aller Munde. Das „Getto" der SED-Prominenz lag jedoch weitab vom Bahnhof. In Bahnhofsnähe erstreckt sich als Badegewässer der Wandlitzsee. Bei Ruhlsdorf-Zerpenschleuse wird der Oder-Havel-Kanal überquert, und nahe des Endbahnhofs Groß Schönebeck befindet sich der Wildpark Schorfheide mit 4 km Wanderwegen zwischen großzügig angelegten Gehegen mit Großwildtieren und selten gewordenen ursprünglichen Hausrassen.

Der Barnim ist ein mit Endmoränen in der letzten Weichsel-Eiszeit entstandener Höhenzug.

Der gleichnamige Landkreis hat seinen Sitz in Eberswalde. Er liegt im Naturpark Barnim, zu dem die Städte Eberswalde, Oranienburg und der südliche Teil von Bernau sowie von Berlin die Stadtbezirke Reinickendorf und Pankow gehören. So ist in dem Naturpark der Wechsel von der Stadt zum Land gut auszumachen. Es ist ein Naturpark mit S-Bahn-Verbindungen! Über Berlin-Gesundbrunnen erreicht man den S-Bahnhof Berlin-Karow. Von da fahren die Züge nach Basdorf 17 Minuten, bis nach Groß Schönbebeck 54 Minuten.

Anstelle dieser wuchtigen Betonbrücke – im Volksmund hieß sie "Elefantenbrücke" – liegt jetzt eine Stabbogenbrücke über dem Oder-Havel-Kanal (am Haltepunkt Ruhlsdorf-Zerpenschleuse)

Nach Schöneiche mit der Straßenbahn

Beste Adresse für Immobilien – und für Tram-Fans

INFO

Zahlen + Daten

Eröffnet	28. Aug. 1910 (Benzol)
	30. Mai 1914 (elektr. Tram)
Spurweite	1.000 mm
Streckenlänge	14,5 km
Linienlänge	14,5 km
Triebwagen	11, davon 5 KT4D,
	3 GT6, 2 T57, 1 TZ 70/1
Sonderfahrzeuge	1 Hilfsgerätewagen
	1 Abschleppwagen
	1 Turmwagen
Historische Fahrzeuge	2 Trieb- und
	1 Beiwagen
Fahrgastzahl	1,1 Mio. (Jahr)
Mitarbeiter	37
Tageskarte	6,– DM,
	außerdem Tarif Berlin ABC
	beziehungsweise BC
Info	Schöneiche-
	Rüdersdorfer Straßenbahn GmbH
	Dorfstraße 15
	15566 Schöneiche
	Tel. 030 / 65 48 68 33
	www.tram88.de

Schöneiche galt zu beiden Jahrhundertwenden als gute Adresse für Immobilienhändler, denn in der Gemeinde am Rande Berlins sollten Berliner gute Grundstücke kaufen. Um 1900 fehlte jedoch die schnelle Verbindung zur Großstadt. Von Köpenick bis nach Friedrichshagen kam schon die Straßenbahn, und so lag es nahe, diesen Ort als Ausgangspunkt einer eigenen Bahn zu wählen.

1910 begann auf der 5,6 km langen Strecke in Meterspur der Vorortverkehr mit Deutz-Benzollokomotiven. 1912 fuhren die Züge 7,7 km weiter bis zum Marktplatz in Kalkberge. Schon zwei Jahre später elektrifizierte die Bahn den Betrieb (Gleichstrom 600 V), Schöneiche wurde Sitz des Straßenbahnbetriebes. In den Nachkriegsjahren hatte es

Aus Heidelberg kam der Triebwagen 41 nach Schöneiche. Im September 2000 stoppt er in Alt Rüdersdorf der Straßenbahnbetrieb nicht leicht. Mehrmals wechselte die Zugehörigkeit, er wurde gar einem staatlichen Autobusbetrieb in Frankfurt (Oder) unterstellt. Neue Fahrzeuge kamen nie nach Schöneiche, es mussten Fahrzeuge aus anderen Städten geholt und bei Reparaturen improvisiert werden. Wegen der Fahrzeugvielfalt war Schöneiche für die Liebhaber der Straßenbahnen jedoch ein guter Tipp. 1977 wurde die Strecke von Rüdersdorf Post bis nach Alt-Rüdersdorf verlängert dafür der Abschnitt zum Karl-Marx-Platz stillgelegt. Auf der Überlandbahn fahren heute Tatrafahrzeuge des Typs KT4D aus Cottbus und GT6 aus Heidelberg. Es gibt zwei historische Triebwagen und zwei

Beiwagen. Im Jahre 2001 übernahm die Niederbarnimer Eisenbahn die Straßenbahngesellschaft mit 70 Prozent. Weitere Gesellschafter sind Schöneiche und Rüdersdorf.
Der Anschluss von der S-Bahn besteht in Friedrichshagen an der Strecke Berlin – Erkner. Die Straßenbahn führt in Rüdersdorf (Haltestelle Heinitzstraße) dicht an den Museumspark der Rüdersdorfer Baustoffindustrie heran, bei dem in historischer Landschaft 750 Jahre Kalksteinabbau verdeutlicht werden. Die Triebwagen tragen die Liniennummer 88, weil 1991 die Linien im Berliner Randgebiet, auch die der Strausberger Eisenbahn, in das Berliner Nummernsystem einbezogen wurden.

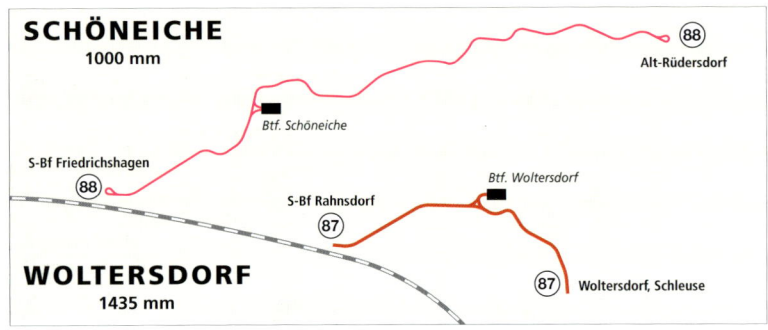

Exot in Woltersdorf
Die Straßenbahn überlebte bis heute

Nach einigen Schwierigkeiten realisierte die Gemeinde Woltersdorf eine 5,6 km lange Straßenbahnverbindung von Rahnsdorf zur Woltersdorfer Schleuse, allerdings abweichend zur benachbarten Bahn in Schöneiche in Normalspur. 1913 begann der planmäßige Betrieb. Woltersdorf war einst ein viel besuchtes Ausflugsgebiet der Berliner und Drehort für Außenaufnahmen zu Filmen. Zwischen 1912 und 1939 entstanden hier etwa 50 Spielfilme. Vom Drehplatz ist

heute nichts mehr zu sehen. Die Bahn überstand einigermaßen glimpflich alle Zeitläufte und gehört seit 1969 zum Straßenbahnbetrieb in Schöneiche. Die benachbarten Strecken blieben jedoch wegen der unterschiedlichen Spurweiten getrennt. Kurz vor 1991 wurde die Stilllegung der Bahn erwogen, doch danach die Strecke erneuert. Die Gemeinde besteht auf der Straßenbahn, mit der zahlreiche Wanderer zur Woltersdorfer Schleuse kommen. Die gibt es zwischen

**Alte Fahrleitung und Gothaer Wagen:
Die Woltersdorfer Straßenbahn hat ihren
ganz speziellen Charme**

Flaken- und Kalksee schon seit 1550.
Die jüngste Erneuerung fand 1998/99
statt. Von einer Fußgängerbrücke, die
dem Eiligen die Wartezeit an der Klapp-
brücke erspart, lässt sich gut das Ge-
schehen an der Schleuse beobachten.
Diese nützt den mit Kalk beladenen
Schiffen, den Kanu- und Sportbooten.
In nächster Nähe sprudelt seit der letz-
ten Eiszeit die Liebesquelle mit feinstem
Trinkwasser. Sie wurde 1994 mit einem
Kuppelgitter eingefasst. Die Bahn mit
Nummer 87 fährt mit den Gothaer
Fahrzeugen, hat aber auch einen histo-
rischen Triebwagen aus dem Jahre
1943 mit Beiwagen von 1913.
Die Anreise zur Woltersdorfer Straßen-
bahn ist ebenso einfach wie zu der nach
Schöneiche. Man fährt mit der S-Bahn
Richtung Erkner bis Berlin-Rahnsdorf.
Unmittelbar an der S-Bahn-Station be-
ginnt die Linie, die zunächst durch den
Berliner Stadtforst fährt. Der Betriebs-
hof liegt an einem Gleisdreieck bei der
Haltestelle Thälmannplatz. Die Bahn
hat auch ein starkes Gefälle von 1:15,
wenn es in Richtung Schleuse geht. Am
S-Bahnhof Rahnsdorf hält auch ein
Berliner Linienbus, mit dem man gut

zur Straßenbahn nach Schöneiche fahren kann – ein Vorschlag für die Zeit
nach der Rückfahrt.

INFO

Zahlen + Daten

Eröffnet	17. Mai 1913 (elektr.)
Spurweite	1.435 mm
Streckenlänge	5,6 km
Linienlänge	5,6 km
Triebwagen	6 T57
Beiwagen	4 B57
Sonderfahrzeuge	1 Arbeitstriebwagen, 2 Loren
Historische Fahrzeuge	2 Triebwagen, 2 Beiwagen
Fahrgastzahl	900.000 (Jahr)
Mitarbeiter	21
Tageskarte	4,– DM, Berlin ABC bzw. BC
Info	Woltersdorfer Straßenbahn GmbH Vogelsdorfer Straße 1 15569 Woltersdorf Tel. 0 33 62 / 52 15

Statt der Eisenbahn fahren Draisinen: ein gesunder Freizeitspaß

Von Templin nach Fürstenberg

Wandertipp mit Draisinen-Anschluss

Lychen am Lychener See hat keine Bahnstation mehr, der Zugverkehr wurde 1996 eingestellt. Die über Lychen führende Strecke von Templin nach Fürstenberg (Havel) gibt es aber noch, 1999 war sie hundert Jahre alt geworden. Seit dem 15. Juni 1996 kann man die 30 km lange Strecke zwischen Uckermark und Oberhavel mit einer Fahrrad-Draisine zwischen Templin und Fürstenberg (Havel) befahren. Damit es nicht zu einer unfallträchtigen Begegnung kommt, ist für jeden Tag nur eine Richtung vorgesehen, an Tagen mit geradem Datum Abfahrt in Templin, an denen mit ungeradem in Fürstenberg (Havel).

Die Draisine mit Pedalen ist leichter zu fahren als ein Fahrrad, das Gleis hält die Spur, nur die Beinkraft ist für die Fortbewegung nötig. Kinder finden ihren Platz auf einer Bank. Bei TOURISTICA in Berlin oder beim Tourismus-service in Templin kann man sich die Draisine reservieren lassen.

Wer die Strecke nur zur Hälfte befahren will, nimmt sich die Draisine erst in Lychen. Für Lychen ist der nächste Bahnhof Fürstenberg (Havel), eine Stadt, die mit dem Eisenbahnanschluss nach Berlin ihre Bedeutung als Handels- und Umschlagplatz verlor.

Hier wurden die Güter für Berlin auf die Havelkähne verladen. Mit dem Regionalexpress fährt man von Berlin nach Fürstenberg (Havel) eine reichliche Stunde und kann von da nach Lychen wandern. Nach Templin braucht man mit dem Zug von Berlin-Lichtenberg aus eineinhalb bis knapp zwei Stunden, je nachdem ob man einen durchgehenden Zug nimmt oder in Eberswalde umsteigt. Die Stadt Templin wird gern wegen der erhaltenen Stadtmauer besucht. Hier befindet sich das Volkskundemuseum der Uckermark.

Inzwischen kein Bauplatz mehr: Zugang zum neuen Hauptbahnhof in Potsdam

Bahnknoten vor Berlin

Die Potsdamer Bahhnhöfe hatten schon viele Namen...

Potsdam, die 141 000 Einwohner zählende Landeshauptstadt von Brandenburg, liegt unmittelbar an der Berliner Stadtgrenze und ist von der Bundeshauptstadt aus mit der Eisenbahn gut zu erreichen.

Der Potsdamer Hauptbahnhof liegt etwas kümmerlich zwischen den großen Bauten, die zum Eklat für Potsdam wurden. An ihnen wurde Anstoß genommen, weil sie das Bild der Stadt- und Parklandschaft wesentlich verdecken. Neben dem Bahnhof befand sich das Reichsbahnausbesserungswerk, in dem einst der Hofzug des Kaisers unterhalten wurde.

Der Bahnhof hieß bis 2000 Potsdam Stadt. Einen Hauptbahnhof gab es von 1960 bis 1993 an anderer Stelle. Und da sind wir bei einem typischen Potsdamer Eisenbahnthema: aller halben Jahre wird ein Bahnhof umbenannt – jedenfalls war es bisher so.

Mit Außenring und Mauerbau verlor der bisherige Bahnhof Potsdam Stadt seine Verbindung nach Berlin. Es verkehrten nur noch Züge nach Potsdam-Babelsberg, die von und nach Westberlin fuhren hier durch.

Mit dem Bau des Außenrings war am westlichen Ufer des Templiner Sees für Potsdam ein neuer Bahnhof entstanden, der zuerst Potsdam Süd, von 1960 an Potsdam Hbf hieß. Wer nach Potsdam wollte, kam hier an. Der Bahnhof lag aber am Rande des Stadtgebiets,

Der Kaiserbahnhof"
Potsdam Park Sans-
souci: das Empfangs-
gebäude (oben)
gleicht einem verwun-
schenen Märchen-
schloss. Die Halle auf
der Gleisseite beher-
bergte einst den kai-
serlichen Hofzug

und man musste die Straßenbahn oder
den Triebwagen benutzen, um zum
Zentrum zu kommen.

Nach dem Mauerfall fuhren wieder Züge von Berlin nach Potsdam Stadt. Aus
dem bisherigen, nun fast bedeutungslo-
sen Hauptbahnhof wurde nicht wieder
Potsdam Süd, sondern „Potsdam
Pirschheide".

Zwei Jahre später beanspruchte die
Landeshauptstadt einen Hauptbahnhof,
„Stadt" galt als zu profan. Der Bahnhof
wurde am 26. September 1999 umbenannt. Bei diesen Umbenennungen sollte es nicht bleiben. Bis 1999 hat sich
niemand an der Bezeichnung „Wildpark" gestört für den Bahnhof, der in
Nähe des Schlosses „Neues Palais"
liegt. Freilich wusste nur Eingeweihte,
dass der berühmte Park Sanssouci sehr
weit an diesen Bahnhof heranreichte.
Zunächst war an die neue Bezeichnung

„Sanssouci" für den Bahnhof Wildpark
gedacht. Damit die vielen Besucher
nicht glauben, der Bahnhof liege am
Schloss Sanssouci, verpasste man dem
Bahnhof die Bezeichnung „Potsdam
Park Sanssouci".

Nicht durchsetzen konnte sich der Vorschlag, dem Namen noch den Zusatz
„Kaiserbahnhof" anzuhängen. Mit dem
Begriff sollte an ein Bahnhofsgebäude
erinnert werden, das als Kaiserbahnhof
gilt, zwar unter Denkmalschutz steht,
seit 1999 von der Unesco zum Weltkul-
turerbe gerechnet wird und dennoch
verfällt, weil sich keine Nutzer für das
Hallengebäude finden.

Es war 1909 fertig gestellt. Die Halle ist
nur der vom Bahnsteig aus sichtbare
Teil des Gebäudes. In ihm stand früher
der kaiserliche Hofzug. Die Straßensicht
zeigt ein besonderes Empfangsgebäude
im englischen Cottagestil, das dem

Da kann kein Auto mithalten: Vom Bahnhof Berlin Zoologischer Garten bis Potsdam Hbf brauchen die Regionalzüge ganze 18 Minuten

deutschen Kaiser und seinem Gefolge vorbehalten war, wenn er die Eisenbahn bei den Sommeraufenthalten im Neuen Palais benutzte. Als erster Gast ging 1910 Zar Nikolaus II. durch den Kaiserbahnhof.

Der Bahnhof Drewitz an der Strecke nach Belzig – Dessau gehörte mit zu den Grenzkontrollbahnhöfen, die durch Zäune und Mauern von der Außenwelt abgeschirmt waren.

Bei dem Hinweis auf einen Potsdamer Stadtteil durfte es nicht bleiben, auch der Bahnhof wurde umbenannt, er heißt nun „Potsdam Medienstadt Babelsberg". Besucher des Studio-Geländes und Geschäftspartner der Filmstadt sollen mit dieser Bezeichnung den Weg

zum ehemaligen Ufa-Gelände schneller finden. Früher galt Griebnitzsee als nächster Bahnhof.

Noch hat Potsdam zwei Bahnhöfe, die vom Namenswechsel verschont blieben; das muss nicht so bleiben.

Wer es zeitlich einrichten kann, sollte den Berlin-Besuch mit einem Abstecher nach Potsdam verbinden. Potsdam hat eine Vielzahl von Sehenswürdigkeiten zu bieten, jedoch wenig von der Eisenbahn.

Hier gibt es von der Brücke aus den neuen Hauptbahnhof zu sehen und auf dem Bahnhof Potsdam Park Sanssouci den „Kaiserbahnhof", marode und mit einem Dachprovisorium versehen. So erfreulich es war, dass die S-Bahn wie-

Blick auf den neuen Potsdamer Hauptbahnhof

der von Berlin bis Potsdam fährt, inzwischen geht es von der Mitte Berlins aus mit RE-Zügen schneller. Sie halten in Potsdam Park Sanssouci und in Potsdam Hbf und fahren vom Bahnhof Berlin Zoologischer Garten bis Potsdam Hbf ganze 18 Minuten.

Zwischen S-Bahn und RE-Zügen gibt es keinen Preisunterschied. In Potsdam fahren Parkbusse zu einem gesonderten Preis zu fast allen Schlössern im Park Sanssouci. Vom ehemaligen Bahnhof Wildpark aus lässt es sich in wenigen Minuten zu Fuß zum größten Schloss im Park Sanssousi, dem Neuen Palais, gehen. Potsdam besitzt noch weitere Parks und Schlösser und historische Straßenzüge. Auch hat es wie Berlin mitten in der Stadt ein Brandenburger Tor!

Mit dem „Galoschenzug"
Das „Sowjet-Reich" bei Berlin am Bahnhof Wünsdorf

Bis 1989 fuhr man kaum nach dem an der Eisenbahnstrecke Berlin – Dresden gelegenen Wünsdorf, denn Gebiete um den Bahnhof herum waren gesperrt, schließlich hatte seit 1952 das „Oberkommando der in Deutschland stationierten sowjetischen Streitkräfte" auf dem Gelände, das bis 1945 dem deutschen Oberkommando des Heeres und des Generalstabs als Standort diente, seinen Sitz und wusste sich abzuschirmen. Neben dem Bahnhof gab es an der alten Ladestraße einen zweiten, der in kyrillischer Schrift seinen Ortsnamen trug und der dem Miltärreisezugverkehr der sowjetischen Armee vorbehalten war. Täglich fuhr hier ohne Grenzkontrollen zwischen Wünsdorf und Moskau ein „Gardinen- oder Galoschenzug", wie die Bevölkerung spöttisch zu den ausschließlich aus in der DDR gebauten, sog. Weitstreckenwagen gebildeten Zügen sagte. Diesen Bahnhofsteil gibt es heute noch, allerdings unbenutzt, und er kann besichtigt werden. Das Empfangsgebäude wurde 1977 mit einem neuen, überdachten Bahnsteig aufgestellt und beherbergte die zur Sowjetischen Eisenbahn gehörende Fahrkartenausgabe, Gepäck- und Containerabfertigung, Bahnhofskommandantur und Dolmetscher. Als Fahrplan hing der von Moskauer Bahnhöfen aus.

Dieser kleine „exterritoriale" Bahnhof hatte nur den einen Zweck, für die im angrenzenden Waldgebiet stationierten Tausende von sowjetischen Armeeangehörigen und Zivilangestellten die Eisenbahnverbindung zur Heimat herzustellen und Verladestation für umfangreiche Gütersendungen Richtung UdSSR zu sein. Am 31. August 1994 fuhr der letzte „Russenzug" in Wünsdorf ab. Anschließend probierte man erfolglos, dieses besondere Bahnhofsteil für Züge Wünsdorf – Potsdam zu benutzen.

Das Gebiet des Oberkommandos wurde unter dem Namen „Waldstadt" als größtes Konversionsobjekt zur Wohnstadt umgestaltet und dient als offener Waldpark. 1998 wurde hier nach englischem Vorbild mit 15 Buchläden Deutschlands erste Bücherstadt eröffnet.

Auf dem Gelände der Waldstadt finden sich noch umfangreiche Luftschutz- und Bunkeranlagen der deutschen Wehrmacht, die auf Grund des Potsdamer Abkommens teilweise gesprengt wurden. Führungen zeigen Luftschutztürme – 19 der Bauart Winkel waren hier gebaut worden – und Bunkeranlagen der Bauart Zeppelin und Maybach. Sie sind für historisch interessierte Besucher teilweise touristisch erschlossen.

Der Bahnhof heißt jetzt Wünsdorf-Waldstadt und ist von der Stadtbahn aus am bequemsten mit „Regionalexpress"-Zügen zu erreichen. Etwas länger dauert es zum gleichen Preis, wenn man bis Berlin-Schönefeld Flughafen mit der S-Bahn fährt und von da eine „Regionalbahn" benutzt.

Der Bahnhof Wünsdorf mit einem alten sowjetischen Weitstrecken-Reisezugwagen

Service:
Berlin mit
dem Zug

S-Bahnzüge der Baureihen 476
und 477 Mitte der 90er-Jahre
auf der Humboldthafenbrücke am
Lehrter Stadtbahnhof

Ob Land oder Wasser: Berlin hat viele interessante Verkehrswege zu bieten.

Was kostet Bahnfahren in Berlin?
Tarife & Fahrpreise

Berlin gehört zum Verkehrsverbund Berlin-Brandenburg (VBB). Dieser bestimmt für den Nahverkehr die Art der Fahrkarten, die Preise und die Geltungsdauer. Die Bestimmungen und die Preise änderten sich in der Vergangenheit sehr oft. Die nachstehenden Informationen sollten nur als allgemeine Empfehlung verstanden werden, einige sind beim Kauf des Reiseführers in Teilen vielleicht schon überholt. Sich bei der Ankunft zu erkundigen, was von den Empfehlungen noch zutrifft, ist unbedingt zu empfehlen.

Es gibt aber Standards im Nahverkehr, die schon lange Zeit Bestand haben:

• Das Gebiet des VBB ist in Teilbereiche, Segmente und Waben aufgeteilt. Tabellen neben den Fahrkartenautomaten zeigen, welche Nummer am Automaten einzugeben ist, damit für die Fahrkarte die zutreffenden Zone gewählt wird. Übrigens gegen auch die Haltestellenschilder in Brandenburg an, zu welchem Bereich die Haltestelle rechnet. Berlin und sein Umland ist in die Teilbereiche A, B und C aufgeteilt, zu den es

Fahrkarten es für die Bereiche AB, BC und ABC gibt. An den Automaten und in den U-Bahn-Stationen hängen „Netzspinnen", auf denen diese Tarifbereiche farbig dargestellt sind. Grundsätzlich liegen die Stationen innerhalb des S-Bahn-Ringes im Bereich A, die übrigen der Stadt Berlin im Bereich B, Stationen des Umlandes im Bereich C. Es gibt Ausnahmen. Wem das zu kompliziert ist, der löse die Fahrkarte an einem Fahr-

---

TIP
Der Stadtbahn-Trick

Fahrkarten der Deutschen Bahn mit der Bezeichnung „Berlin Stadtbahn" gelten auf der S-Bahn-Strecke in der angetretenen Fahrtrichtung zwischen Berlin-Charlottenburg und Berlin-Lichtenberg. Wer beispielsweise mit einer solchen Fahrkarte von München über Berlin-Schönefeld Flughafen - Berlin Ostbahnhof anreist, kann die Fahrkarte ohne Nachzahlung auch bei der S-Bahn bis Berlin-Charlottenburg benutzen.

kartenschalter, die es auf mehreren U-
und vor allem auf den S-Bahnhöfen gibt.
• Die Fahrkarten müssen bei Fahrtan-
tritt entwertet werden, Tageskarten

TIP

Beliebte Fahrkarten
für Touristen

• Welcome Card: Sie ist Fahrkarte mit 72
Stunden Gültigkeit nach Entwertung für den
Bereich ABC. Mit ihr können ein Erwachse-
ner und bis zu drei Kinder vom 6. bis 14. Le-
bensjahr fahren. Zusätzlich gibt es Gutschei-
ne für Ermäßigungen bei Museen und anderen Sehenswürdigkeiten.   18 EUR

• 7-Tage-Karte: Sie kann für Tarifbereiche
gewählt werden und gilt bis zum siebenten
Kalendertag 24 Uhr nach der Entwertung.
                           22 EUR bis 37,50 EUR

• Tageskarte: Sie kann für Tarifbereiche gewählt werden und gilt für beliebig viele Fahrten und gilt bis 3 Uhr des auf die Entwertung
folgenden Tages.   6,10 EUR bis 6,30 EUR

---

usw. zu Beginn der ersten Fahrt. Einzel-
fahrkarten gelten bis zwei Stunden nach
der Entwertung und in beliebiger Fahrtrichtung, können also für Hin- und
Rückfahrten benutzt werden.
• Die Nahverkehrsfahrkarten gelten für
alle Verkehrsunternehmen im Verkehrsverbund, also auch für Strausberger Eisenbahn wie die da gelösten Fahrkarten
auch für die U-Bahn in Berlin gelten.
Die Fahrkarten müssen den Zonen ent-
sprechen. Es läßt sich mit einer einzigen
Fahrkarte, soweit sie für den Raum zutrifft, zwischen den Verkehrsmitteln
wählen, zum Beispiel gelten die Fahrkarten in Berlin für die S-Bahn, die U-
Bahn, die Autobusse, die Fähren, und
auch für die Nahverkehrszüge der Deutschen Bahn – nicht für besonders ge-
kennzeichnete Speziallinien.
• Tip: Wer von Berlin schnell nach
Potsdam will (Bereich C), benutze anstelle der S-Bahn die RB- oder RE-Züge
der Deutschen Bahn.
• Eisenbahn-Fahrkarten gelten auch bei
der S-Bahn, nicht bei der U-Bahn,
Straßenbahn usw.

Die Stadtbahn als Anziehungspunkt: 112 102 mit einem RE bei Jannowitzbrücke

**Blick vom Funkturm auf den S-Bahnhof
Witzleben an der Ringbahn (1994)**

Zum Nachfragen

Nützliche Adressen
und Telefonnummern

Deutsche Bahn – Konzern
Potsdamer Platz 2, 10785 Berlin
(030) 297 611 31
www.bahn.de

**VBB Verkehrsverbund
Berlin-Brandenburg GmbH**
Hardenbergplatz 2, 10623 Berlin
(030) 25 41 41 41
info@vbbonline.de

S-Bahn Berlin GmbH
Invalidenstr. 19, 10115 Berlin
(030) 29 74 33 33
kundenbetreuung@s-bahn-berlin.de

Berliner Verkehrsbetriebe (BVG)
Potsdamer Str. 188, 10783 Berlin
(030) 19 44 9
info@bvg.de

**ViP Verkehrsbetrieb Potsdam
GmbH**
Fritz-Zubeil-Str. 96, 14482 Potsdam
(0331) 66 14 0
info@vip-potsdam.de

**Schöneicher-Rüdersdorfer
Straßenbahn GmbH**
Dorfstr. 15, 15566 Schöneiche
(030) 65 48 68 33

Woltersdorfer Straßenbahn GmbH
Vogelsdorfer Str. 1, 15569 Woltersdorf
(03362) 52 15

Strausberger Eisenbahn GmbH
Walkmühlenstr. 29, 15344 Strausberg
(03341) 34 39 0
ste@strausberg.de

Zum Nachschlagen
Bahnhöfe, Orte, Ausflugsziele

Das Flugzeug im Hintergrund fliegt nur scheinbar: Werbe-Flieger am U-Bahnhof Gleisdreieck

Vom Bahnhof Zoologischer Garten startet die Touristen-Buslinie 100, die alle wichtigen Berliner Sehenswürdigkeiten anfährt – und das zum BVG-Tarif

U-Bahn am
Bahnhof Gleisdreieck

Verwendete Literatur

Jürgen Meyer-Kronthaler, Wolfgang Kramer, Berlins S-Bahnhöfe, Berlin-Brandenburg 1998

Berlin und seine Bauten, Teil X, Band B, Berlin 1984

Christel Kapitzki, Neue Bahnhöfe in Berlin, Berlin 1998

Bernd Kuhlmann, Bahnknoten Berlin, Berlin 2000

Grieben-Reiseführer Berlin, Berlin 1939

Die kleine Berlin-Statistik 1999, Berlin 1999

Bahnland DDR, Berlin 1990

Zeitschrift „Eisenbahntechnische Rundschau", Darmstadt 9/1998

Zeitschrift „Deine Bahn", Mainz 7/1999

65 Jahre Straßenbahn Schöneiche, Schöneiche 1975

Zeitschrift „Straßenbahn Magazin", München 11/2000

Zeitschrift „verkehrsgeschichtliche blätter", Berlin 1992 und 1997

Mitarbeiter dieses Bandes

Der Beitrag auf den Seiten 48/49 stammt von Erich Preuß, die Übersicht auf den Seiten 66 bis 73 von Peer Hauschild, der Text auf den Seiten 76 bis 81 von Konrad Koschinski und jener auf den Seiten 158 bis 161 von Ivo Köhler.

Bildautoren

Bodo Schulz 6/7, 8, 11, 12, 13, 14/15, 16, 19, 15, 19, 20, 22, 23, 24/25, 26, 29, 30, 33 u, 36, 37, 38, 39, 40, 58 o, 60, 62/63, 64, 65, 70, 71, 72, 73, 74/75, 80, 81, 84 o, 85, 92/93, 96, 99, 100, 101, 103, 118, 104/105, 114, 118, 120, 123, 132/133, 134/135, 136, 137, 140, 141, 149, 150/151, 154 o, 167, 169, 176/177, 178, 179, 180/181, 186, 188

Sammlung Reiner Preuß 9, 28, 32, 44, 60/61, 86/87, 90, 94, 102

Reiner Preuß 10, 18, 21, 34, 35, 41, 43, 46, 47, 50, 51, 58 u, 59, 84 u, 88, 91, 98, 106, 107, 108, 109, 112, 116, 117, 119, 121, 122, 124, 125, 126, 127, 128, 129, 130, 131, 138, 139, 142/143, 144, 152/153, 154 u, 155, 156, 171, 172, 173, 174, 175

Sammlung Clemens Hahn 27, 33 o

Erich Preuß 31, 45, 52, 89, 95, 110/111, 145, 164, 165, 166, 170

Sammlung Erich Preuß 48, 49, 142

Archimation 42

Sammlung Dr. Daniel Hörnemann 54/55

Marcus Niedt 56/57

S-Bahn-Museum Berlin 66, 67, 69

Jan H. Peters 68

Sammlung Reinhard Schulz 76

S-Bahn Berlin GmbH 77

Oliver Sydow 78, 82/83, 180/181

Klaus Pöhler 97

DB Projekt 113

Peter Schricker 159

Reinhold Eisele 160/161, 163 l, 168

Bernhard Kußmagk 162

Ivo Köhler 163 r

VBB 190/191

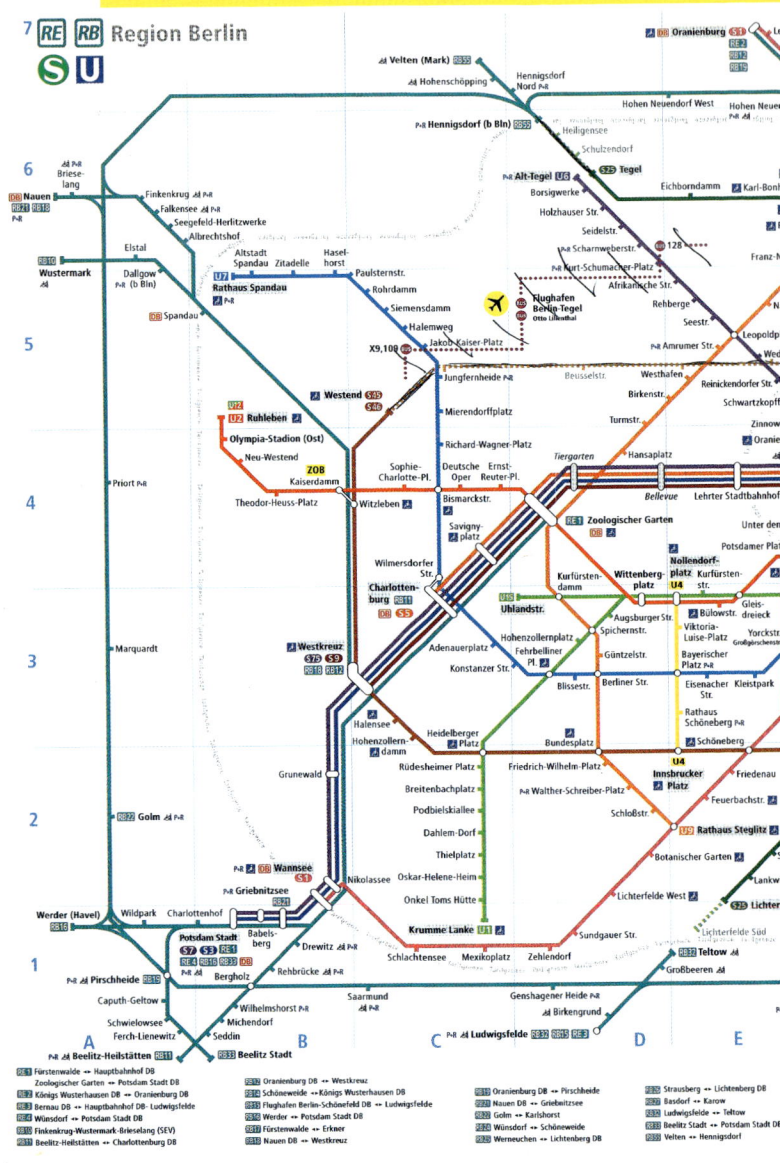

7 [RE] [RB] Region Berlin
[S] [U]

Linienplan

Legende:

- Umsteigemöglichkeit
- **UB** Fernbahnhof
- **ZOB** Zentraler Omnibusbahnhof am Funkturm (ZOB)
- Behindertengerechter Zugang
- Behindertenfreundlicher Zugang
- Parkplatz für Schnellbahn-Fahrgäste

  Bezeichung der Bahnhöfe unter Fortlassung der Tarifbezeichnung Berlin bzw. Potsdam

- **Sonnenallee** Strecke im Bau
- Züge in Pfeilrichtung halten nicht am Bhf Ostkreuz
- **N2** Nur bei Großveranstaltungen und im Nachtverkehr Fr/Sa, Sa/So ca. 1.00–4.00 Uhr

- Tiergarten, Bellevue, Jannowitzbrücke — Kein Halt von S-Bahnzügen bis voraussichtlich September 1996
- Hackescher Markt — Halt nur in Pfeilrichtung bis voraussichtlich September 1996

Information:

Kundendienste:
BVG
☎ (030) 19 449

Deutsche Bahn AG
Geschäftsbereich Nahverkehr
Regionalbereich Berlin/Brandenburg
Ruschestr. 59, 10365 Berlin
☎ (030) 297 24 317

S-Bahn Berlin GmbH
Kundenbüro
Invalidenstr. 130/131, 10115 Berlin
☎ (030) 297 19 843

VIP GmbH
14467 Potsdam, Holzmarktstr. 6-7
☎ (0331) 237 52 75/76

HVG mbH
14467 Potsdam, Am Bassin 7
☎ (0331) 29 29 66

S1 Oranienburg ↔ Blankenfelde (Kr. Teltow-Fläming)
↔ Erkner
↔ Flughafen Berlin-Schönefeld DB
↔ Königs Wusterhausen
↔ Strausberg Nord
S2 ↔ Zeuthen

S7 Potsdam Stadt ↔ Ahrensfelde
S75 Westkreuz ↔ Wartenberg
S8 Bernau ↔ Grünau
S9 Westkreuz ↔ Flughafen Berlin-Schönefeld DB
S10 Birkenwerder ↔ Spindlersfeld

U1 Krumme Lanke ↔ Warschauer Str.
U15 Uhlandstr. ↔ Wittenbergplatz (↔ Warschauer Str.)
U2 Ruhleben ↔ Vinetastr.
U4 Nollendorfplatz ↔ Innsbrucker Platz

U5 Alexanderplatz ↔ Hönow
U6 Alt-Tegel ↔ Alt-Mariendorf
U7 Rathaus Spandau ↔ Rudow
U8 Wittenau ↔ Hermannstr.
U9 Rathaus Steglitz ↔ Osloer Str.

Stand: 02. Juni 1996
Herausgeber: BVG, Zentralbereich Absatzwirtschaft im Auftrag der Verkehrsgemeinschaft Berlin-Brandenburg